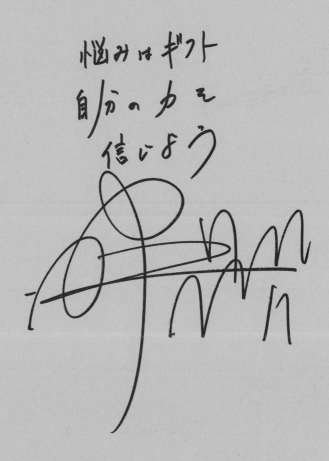

悩みはギフト
自分の力を
信じよう

고민하는 자만이
자신을 구한다

일러두기

1 이 책의 맞춤법과 인명, 지명 등의 외래어 표기는 국립국어원의 규정을 바탕으로 했습니다. 다만 관련 도서가 국내에 출간되어 있는 경우 해당 도서의 표기를 따랐으며, 규정에 없는 경우는 현지 음에 가깝게 표기했습니다.

2 원서의 내용 중 현시대상황과 크게 다른 것은 의미를 해치지 않는 선에서 수정했습니다.

3 부가 설명은 본문 안에 괄호 처리했으며, 인명 및 원서명은 본문 안에 병기로 처리했습니다.

4 옮긴이 주와 편집자 주는 줄표를 두어 표기했습니다.

고민하는 자만이
자신을 구한다

간다 마사노리

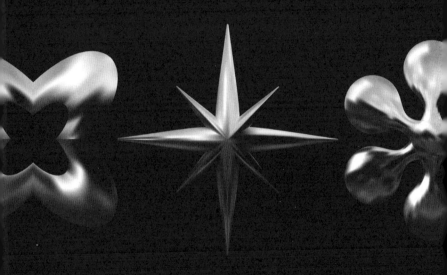

상위 1퍼센트 CEO들의 멘토 간다 마사노리가 전하는
50가지 비즈니스 카운슬링

간다 마사노리 지음 | 김경인 옮김

빌리버튼

만일 당신이 처절한 실패를 겪고 신에게 기도라도 하고 싶을 만큼 곤란한 상황에 처해 있다면, 이 책이 큰 도움이 될 거라고 생각한다. 저자인 내가 17년 전 깊은 고민의 늪에서 구원을 바라며 이 원고를 썼기 때문이다. 그러므로 여기에 엮은 이야기는 단순히 당신을 격려하기 위한 것이 아니라, 저 구렁텅이로 떨어진 이들에게서 한 발짝이라도 앞으로 나아갈 용기를 끌어내기 위한 것이다.

이 앞에는 일상에서는 좀처럼 깨닫지 못한 인생의 보물이 기다리고 있다. 바로 내면의 빛, 한 사람 한 사람의 유일무이한 재능이다. 누군가는 "간다 씨, 재능을 찾는 더 쉬운 방법은 없나요?"라고 물을지도 모른다. 미안하지만 그렇게 쉬운 방법은 없다. 내면의 빛은 밖이 어두컴컴할 때일수록 잘 보이는 것이기 때문이다.

어쨌든 집필로부터 17년이 지난 지금, 한국의 독자들에게 이 책이 다시 읽힐 기회가 주어졌다니, 정말 의미심장하다. 그도 그럴 것이 최근 우리는 코로나19의 영향을 받았고, 전례 없이 엄격한 시련을 경험했기 때문이다.

그사이 한국인 친구로부터 한국사회가 크게 변화했고, 독립하는 기업가들 역시 증가하고 있다는 이야기를 들었다. 이 새로운 풍경 속 한국 기업가들은 전보다 복잡하고 곤란한 현실에 직면해 있을지 모른다. 하지만 지금처럼 어려운 환경일지라도 주변으로 팔을 더 뻗어가면서 한 발짝씩 새로이 내디딜 용기를 내면 당신만의 비즈니스를 창조하고 성장시킬 절호의 기회를 만들어낼 수 있다.

이와 같은 시대의 전환기에서, 기업가는 작은 미래보다 큰 미래를 그려야만 성공할 수 있다. 작은 미래는 많은 사람을 이끌 기업가가 꿈꾸기에는 충분하지 않기 때문이다. 감동을 불러일으킬 목표(目標)를 세우고 그것을 전달한다면 협력자는 분명히 모여들게 된다. 성실함과 부조리에 대한 회복탄력성(resilience)이야말로 기업가의 에너지원이 될 것이다.

이 책이 한국에서 복간된다는 것은, 한국의 기업가들이 지금 크나큰 벽을 극복하고자 한다는 사실을 시사하는지도 모른다. 하지만 그것은 마냥 불행한 일이 아니다. 오히려 코로나19로 분단된 세계가 여러분의 경험과 능력을 애타게 기다리고 있다는 증거다. 한국의 경험이 장차 세계를 구할 가능성을 내포하고 있다는 사실을 잊어서는 안 된다.

마지막으로 아시아 동포 중 한 사람으로서 당신의 성공을 마음 깊이 응원한다.

간다 마사노리(神田昌典)

'맥주라도 마셔야겠어!'

내 눈앞에는 189통의 상담 편지가 쌓여 있었다. 산더미처럼 쌓인 편지를 보니 자연스럽게 캔 맥주에 손이 갔다.

'인생 상담 책을 냅시다'라는 출판사의 제안을 덥석 받아들인 나지만, 예상치 못한 상담 내용에 할 말을 잃고 말았다. 사장과의 불륜 때문에 고민하는 사원, 빚더미에 올라앉은 경영자, 성공하고 싶은데 경험이 없는 프리타(フリーター, 일정한 직장 없이 아르바이트를 전전하는 사람), 상사에게 괴롭힘 당하는 사원 등 당사자 입장에서는 언제 우울증에 걸려도 이상할 것 없는 심각한 문제인지라 결코 쉽게 대답할 수 없었다.

질문들을 훑어보면서 나도 모르게 허리를 곧추세우고 자세를 고쳐 앉았다. 내 입으로 말하긴 뭣하지만, 나는 세간에 수많은 경영자와 창업가를 성공으로 인도한 카리스마 경영 컨설턴트로 알려져 있다. 하지만 눈앞의 편지들은 내게 '새빨간 거짓말!'이라고 외치고 있었다. 매출을 올리는 테크닉을 전수할 뿐, 인간의 본질은 나 몰라라 했던 불성실한 나를 규탄하는 것 같았다.

물론 내가 쓴 책을 읽고 부자가 되거나 베스트셀러 작가가 된 사람이 많은 것은 사실이다. 덕분에 '성공자'를 많이 배출시켰다는 평가를 받는 것 역시 고마운 일이다. 하지만 그것은 '돈=성공', '명성=성공'이라는 단순한 가치관에 근거한 성공일 뿐이다. 지금은 그러한 정의가 더이상 통하지 않는다는 것을 모르는 사람이 없다.

불과 몇 년 전까지만 해도 세상의 규칙은 아주 간단했다. 부자가 되면 원하는 것은 무엇이든 손에 넣을 수 있었다. 외제 차, 사랑, 가정, 건강, 자유, 명성까지. 그리고 긍정적인 사고를 갖추면 반드시 행복해질 수 있다고 믿었다. 하지만 지금은 그런 동화 같은 이야기를 믿는 사람이 거의 없다. 정상에 있던 경영자가 구부정한 모습으로 구치소에 들어가는 것을 몇 번 목격하다 보면 평범한 중학생이라도 진실을 알게 된다.

얻는 것이 있으면 잃는 것도 있다. 원하는 것을 움켜잡으면 다른 소중한 것이 손가락 사이로 빠져나간다. 이것이 세상의 법칙이다. 이 법칙을 깨닫고 무기력해지는 사람과 모른 척 계속 달리는 사람, 두 타입이 있을 뿐이다. 더 많이 가진 사람이 더 행복하다는 오랜 잣대로 잰 행복은 사실 속이 텅 빈 껍데기다—물론 매스컴에서는 소비 욕구를 부추기기 위해 이를 화려하게 꾸미고 있다—. 행복해지고 싶다면 타인의 잣대가 아닌 자신의 잣대로 행복을 재야 한다. 어떤 잣대로 행복을 재면 좋을까? 이것이 바로 누구나 고민하는 문제다.

산더미처럼 쌓인 상담 편지 앞에서 지금껏 내가 잘난 척 제시해 온 비즈니스 노하우가 얼마나 싸구려였는지 뼈저리게 느꼈다. 마냥 기고만장했던 것은 아니지만 놓친 것들이 너무노 많았다. 옳다고 믿었던 자신의 인생이 틀렸다고 인정하는 것은, 그동안의 인생을 변기에 흘려보내는 것과 같다. 아찔했다.

그래도 우리는 아침이 오면 잠자리에서 일어나 이를 닦고 하루를 살아가야만 한다. 그래서 나는 상담 편지를 다시 한번 신중에 신중을 기해 읽기 시작했다. 그 편지들을 통해 나는 너무도 복잡하고, 제멋대로이고, 부조리한 세상을 보았다. 옳은 것은 무시당하고, 잘못된 것은 활개를 치는 모순과 역설. 행간에서는 '어떻게 살아야 좋을지 모르겠다. 누가 좀 그 답을 가르쳐달라!'라는 비명이 들려왔다.

나라고 늘 정답을 알고 있는 것은 아니다. 내가 머리를 쥐어짜서 대답한다 해도 절반은 좋아하겠지만, 나머지 절반은 날 원망할 것이 분명했다. 그래서 몇 번이고 편지 다발을 내팽개치고 싶었다. 눈을 감고 귀를 막고 싶었다. 하지만 그렇게 해도 비명은 들려왔다.

결국은 이 편지들을 팽개치지 못했다. 답을 모르기는 나도 마찬가지다. 하지만 끊임없이 답을 구하는 그들의 용기에 나도 용기를 얻었다. 독자들이 원하는 답을 찾을 수 있을지는 모르겠지만, 그들의 질문을 받아들일 수는 있다. 이 사실을 깨달으니 불끈 힘이 솟았다. 그들의 질문은 나의 부족함을 깨닫게 해 주었을 뿐만 아니라 앞으로 내가 해야 할 일이 무엇인지 가르쳐 주었다. 그들의 고민이 나를 지지하고 성장시킨 것이다.

그들은 조언이 필요할 때 나를 상담 상대로 선택해 주었다. 그것만으로도 충분하다. 우리가 서로를 받아들일 의지를 갖고 끊임없이 질문을 던지는 한, 정답을 찾지 못하더라도 반드시 무언가가 시작될 것이다. 그때 맥주 한 잔을 시원하게 들이켜자. 이 책은 당신과 술 한잔 나누어 마시는 상상을 하면서 힘차게 펜을 굴려 쓴 것이다.

189가지의 모든 질문에 답하지는 못했지만, 많은 사람이 공감하리라 확신하는 50가지 질문에 대답했다. 이 질문들이 나에게 그랬던 것처럼 당신에게도 용기를 주리라 믿는다. 고민한다는 것은 삶에 대한 강한 의지가 있다는 뜻이기 때문이다. 그렇지 않고서는 애써 상담을 청할 리가 없다. 그 에너지가 당신에게도 옮겨 갈 것이다. 가능한 한 당신도 '나라면 뭐라고 대답할까?' 생각하면서 이 책을 읽어 주길 바란다.

강목팔목(岡目八目), 내 것은 보이지 않아도 남의 것은 잘 보인다고 하지 않던가. 상담은 남을 위해서 하는 것이 아니라 결국 자신을 위해서 하는 것이다. 마음을 다해 생각해낸 충고가 가장 잘 들어맞는 것은 자기 자신이다. 같은 문제가 자기 안에 없다면 남이 상담을 청했다고 해서 대답할 수 있을 리 없다. 상대방에게 하는 충고의 주어를 '당신'에서 '나'로 바꿈으로써 질문을 던진 사람과 같은 입장에 서서 해답을 찾을 수 있다. 누가 위고 누가 아래인가는 문제가 아니다. 서로에게 의지하는 것이다.

맥주를 마시면서 쓴 것이라 맨정신으로는 하지 않았을 법한 허무맹랑한 이야기가 섞여 있을지 모른다. 게다가 나는 이 책을 꾸밈없이 솔직하게 쓰고자 했기 때문에 종종 실례되는 말로 당신을 화나게 할지도 모른다. 하지만 그렇다고 해서 이 책을 내동댕이치거나 헌책방에 팔아버리지 말고, "뭐라고 지껄이는 거야?"라고 화 내면서라도 읽어주길 바란다. "이 답답한 인사야!"라고 욕을 하면서 읽어도 좋다.

그 누구도 타인의 고민에 대한 완벽한 정답을 갖고 있지 않다. 정답을 가진 것은 당사자뿐이다. 내가 할 수 있는 것은 당신의 질문에 정면으로 맞서는 것뿐이다. 진심으로 맞선다면 정답은 당신의 마음속 깊은 곳에서 고개를 들 것이다. 그것만은 확신할 수 있다.

제1장

세 상 은 왜 이 리 부 조 리 할 까 ?

제2장

"난 못 해!" 자신감 부족에 대하여

제5장

돈과 연애의 비상식적인 법칙

제6장

일과 가정의 행복은 왜 반비례하는가?

제1장

세상은 왜 이리 부조리할까?

우리는 지금 시험에 처했는지도 모른다. 앞으로 우리는 소용돌이에 휘말려 스스로 생각조차 할 수 없는 기계처럼 살아가게 될까? 아니면 그 속에서도 이룰 수 있는 일을 찾아 이루려고 할까?

'긍정적 사고를 갖자'라는 말은 누구나 쉽게 할 수 있다. 하지만 실제로는 어떤가? 긍정적으로 사고하려고 할수록 그것을 방해하는 사건만 더 자주 마주친다.

'왜 저 녀석이 나보다 보너스를 많이 받아?'

'어떻게 성희롱이나 하는 놈들이 출세할 수가 있지?'

'왜 저런 사기꾼이 떼돈을 버는 거야?'

'어쩜 저렇게 착한 사람이 암에 걸리지?'

'어떻게 양다리를 걸칠 수가 있어?'

'왜 내가 해고당해야 하는데?'

왜, 왜, 왜, 왜……? 이런 부조리의 연속에도 불구하고 긍정적으로 산다는 것은, 질퍽질퍽한 진흙탕 속에 스스로 발을 들여놓으면서 눈물이 흐르지 않게 위를 보고 걷는 깃과 같다.

특히 최근 몇 년 사이 부조리한 일들이 더욱 빈번하게

발생하고 있다. 왜 부조리가 이토록 세상에 범람하는 걸까? 이야기가 좀 팍팍해질 수도 있지만, 부조리란 인간이 스스로 생각하고 판단하지 못하게 하는 최고의 수단이라고 한다. 나치는 강제수용소의 유대인들을 순종적으로 만들기 위해 무작위로 사람들을 차출해 총살했다. 유대인 입장에서는 울어도 죽고, 웃어도 죽고, 무표정해도 죽었다. 이처럼 부조리한 상황에 처했을 때 사람은 가치판단을 포기한다. 그리고 명령받은 대로 눈앞의 일만을 기계처럼 수행하는 존재가 되고 만다.

빅터 프랭클Viktor Emil Frankl의《죽음의 수용소에서 Man's Search for Meaning》에 의하면, 강제수용소에서 '삶의 의미'를 너무 많이 생각해 수용소 이후의 미래를 꿈꿀 수 없게 된 사람은 정신이 이상해지고 말았다. 하지만 삶에 뭔가를 기대하는 대신 작은 목표를 세우고, 단지 살아

남는 것, 어떤 형태든 살아 있는 것 그 자체의 중요성을 끊임없이 말한 사람은 끝까지 정신이 온전했다고 한다. 이것은 앞으로 우리가 맞이할 시대에도 적용될 이야기가 아닐까?

우리는 지금 시험에 처했는지도 모른다. 앞으로 우리는 어떻게 살아가게 될까? 소용돌이에 휘말려 스스로 생각조차 할 수 없는 기계처럼 살아가게 될까? 아니면 그 속에서도 이룰 수 있는 일을 찾아 이루려고 할까?

'긍정적인 사고가 '성공'과 '행복'에 실제로 도움이 되는가' 하는 문제가 아니다. 긍정적으로 생각한다고 해서 부조리한 세상이 사라지는 것은 아니다. 부조리하기에 할 수 있는 일도 있다. 타인의 잣대로 우리 자신의 '성공'과 '행복'을 잴 필요가 없어지며, '나만의 기준'을 세우게 된다. 이 기준을 당장 완성할 필요는 없지만, 이 삶을 온전

히 사는 데 있어서 스스로에게 무엇을 기대하는지 깨닫
지 못하면 안 된다. 어쩌면 이것이 부조리한 세상의 순기
능일지도 모른다. 긍정적 사고의 여부가 아니라 개개인의
각오가 요구된다는 말이다.

입만 산 상사 때문에
힘들어요

Q

얼마 전 친구가 호텔에 묵었는데 호텔의 모든 직원이 손님이 원하는 바를 알아서 척척 해결해 줄 만큼 아주 훌륭했다고 합니다. 한편 제 직장 상사는 '앞으로는 우리도 호텔 수준의 서비스를 갖춰야 한다'고 말하는 사람입니다. 그 상사는 '똥 묻은 개가 겨 묻은 개 나무라는 격'이라고 말해 주고 싶을 정도로 고객이나 부하 직원을 대하는 태도가 엉망입니다. 늘 허울 좋은 말뿐이라 얼굴도 보기 싫은데, 제가 부장님과 사이좋게 이야기라도 나누면 의심의 눈초리를 보이며 접근해오곤 합니다. 상사와 잘 지내는 비결이 있다면 가르쳐 주세요.

귀가 따갑다. 나도 부하 직원에게 그다지 좋은 상사가 아니라서……. "이제는 고속데이터 통신망 시대다!"라고 큰소리쳤지만 사실은 내가 인터넷에 가장 약하고, "직장과 사생활의 균형이 중요하다!"라고 말하면서 정작 나는 일 중독으로 하루가 멀다고 야근을 한다.

한마디로 상사는 모순투성이다. 돌아서기가 무섭게 말이 바뀐다. 부하 직원 입장에서는 어떤 말을 믿고 따라야 할지 갈피를 잡을 수 없다. 그러니 상사의 말을 충실히 따를수록 손해다. 그렇다고 맡은 일을 대충 했다가는 어김없이 한 소리 듣게 될 것이다.

그런 상사에게 불만이 쌓이는 것은 당연하다. 그렇지만 불만을 품은 채 회사에 남아 있다가는 당신도 몇 년 뒤에 틀림없이 나쁜 상사가 되어 있을 것이다. 승진이라도 한다면 다행이다. 상사의 험담이나 늘어놓고 있으면 분명히 좌천될 것이다. 어떻게 확신할 수 있느냐고? 사실은 나도 이십 대 때 사장님을 욕했다가 해고당한 적이 있다. 그 후 경영 컨설턴트로서 많은 회사를 관찰하며 알게 됐다. 회사의 험담을 하는 사람은 그것이 사장의 귀에 들어갔는지와는 상관없이 금방 회사에서 사라지고 만다. 그러니 회사를 그만두고 싶은 것이 아니라면 험담하지 않는 것이 좋다.

아마도 상사에 대한 당신의 평가는 옳을 것이다. 게다가 당신은 상사보다 우수할 것이다. 하지만 계속 지금처럼 행동하다간 당신도 나쁜 상사가 되고 만다. 애초에 회사부터 상사의 역할을 잘못 이해하고 있기 때문이다.

상사는 관리직이 아니다. 상사란 가르치는 사람, 즉 교사다. 회사에서 상사를 관리자라고 정의하면, 상사는 부하 직원을 관리하게 된다. 일을 지시하고, 진행 상황을 체크해 일정을 맞추는 것을 주된 업무로 삼게 된다. 그런 상사는 현장 상황을 낱낱이 알 수 없기 때문에 적합하지 않은 지시를 내릴 수도 있다. 하지만 그들은 뭐든 시키지 않으면 자신이 설 자리가 없어진다고 생각한다. 그래서 회사에 무의미한 일이 넘쳐나는 것이다.

반면, 상사를 교사라고 정의하면 그의 주된 업무는 학생이 공부하기 좋은 환경을 조성하는 것이 된다. 자신의 일에 몰두하는 것이 아니라 업무 전체를 조감하고 개선하는 것이 그의 할 일이다. 그가 관심 가져야 하는 사항은 '어떻게 하면 부하 직원이 휴가를 낸 날에도 업무에 차질이 없을까', '어떻게 하면 업무 매뉴얼을 정리해 서로 배우는 환경을 만들 수 있을까', '신입사원에게 어떤 순서로 일을 가르쳐야 할까' 등이다. 이처럼 교사 역할에 충실한 상사는 부하 직원의 배움을 첫째로 생각하고, 부하 직원이 자신을 능가하는 것에 기쁨을 느낀다.

'나도 저런 상사가 있으면 좋겠다'라고 생각하고 있는가? 손 놓고 기다리기만 해서는 안 된다. 당신 역시 그 역할을 해내야 하는 사람이다. 지금 당신은 한 단계 위의 업무를 할 준비를 마쳐 상사에 대한 불만이 폭발한 상태다. 상사의 고객 대응이 불성실해 보인다는 것은 당신에게 고객 대응 센스가 있다는 말이다. 그리고 당신은 그런 상사에게 분노를 느끼실 성노로 열정 있는 사람이다. 따라서 당신은 스스로 그 능력을 업무 수준을 높이는 데 사용할 단계에 와 있는지 판단해 보아야 한다.

사연 속 호텔 직원들은 어떻게 그토록 세심한 배려를 할 수 있었을까? 그 교육 시스템을 배워서 회사에 제안하면 어떨까? 만약 당신이 한 단계 위의 업무를 하게 된다면 반드시 출세할 수 있다. 감히 장담한다. 단, 살아남고 싶다면 그 공을 상사에게 돌려야만 한다. 당신의 상사는 여전히 교사가 아니라 관리자이기 때문이다. 그는 자신이 윗사람이라는 사실을 확실히 하고 싶어 하기 때문에 우수한 부하 직원이 나타나면 쫓아내고 싶어서 안달 날 것이다. 당신을 괴롭힐지도 모른다.

앞으로도 회사에 남고 싶다면 겸손해지자. 약간의 인내심이 필요하겠지만, 상사에 대한 불만을 양분 삼아 발전하다 보면 언젠가 반드시 다른 성숙한 상사의 눈에 들거나 훌륭한 회사로 이직할 기회가 찾아올 것이다. 상사 험담은 이력서에도 쓸 수 없고 실적도 되지 않지만, 시스템을 제안하고 쌓은 실적은 이력에 남는다.

2

제멋대로인 신입사원,
어떻게 가르쳐야 할까요?

Q ————————————————

우리 회사는 제법 규모가 커서 매년 700명 가까운 신입사원

을 뽑는데, 1년 뒤에는 절반 정도가 그만두고 맙니다. 이번

에 우리 부서에도 신입사원이 들어왔는데 매너가 영 엉망입

니다. 상사에게 반말을 하질 않나, 환영회에서는 분위기 탓

인지 무례한 행동을 서슴없이 하더군요. 과장님도 부장님도

두 손 두 발 다 든 상태입니다. 중간 입장인 제가 열 살이나

어린 사원에게 무슨 말을 어떻게 해야 좋을까요?

"요즘 젊은 사람들, 정말 대단해. '일이 재미없어서 쉬었습니다', '웃을 기분이 아닙니다' 같은 이야기를 아무렇지도 않게 하고 말이야!"

당신은 혹시 이렇게 말하는 사람인가? 공감을 바랐겠지만, 미안하다! 솔직히 내 주위의 젊은 친구들은 놀랍도록 우수하다. 그들은 어떻게 하면 자신이 이 세상에 보탬이 될 수 있을지 진심으로 고민한다. 게다가 멋쟁이이고 단정하기까지 하다. 가만 보면 젊은 사원 열 명 중 한두 명은 우수한 인재고, 나머지는 아직 에너지를 방출할 곳을 못 찾은 것 같다. 요즘은 이것을 '양극화의 진행'이라고 하는 듯하다.

당신은 이 젊은이들과 함께 양극화된 사회라는 배를 타고 있다. 배 안에는 도덕과 윤리가 어지럽혀져 있고, 질서는 오간 데 없다. 당신이 내게 한 질문은 이 부조리한 상황에서 어떻게 하면 좋겠냐는 것이다.

사회적 대변화가 일어나고 있는 지금과 같은 때에는 비즈니스 기회가 불쑥 발생하곤 한다. 이 비즈니스 기회란 새롭게 벌어지는 상황과 현상 사이의 갭(Gap)을 메우는 작업이다. 만약 지각변동 때문에 깊은 계곡이 생겼는데 그 계곡 건너편에 비옥한 토지가 있다면, 남겨진 사람들은 어떻게 해야 할까? 다리를 놓아 그 비옥한 땅으로 가야 하지 않을까? '갭에 다리를 놓는 일', 그것이 바로 비즈니스 기회다. 이렇게 생각하면 당신은 아주 대단한 기회를 눈앞에 두고 있는 셈이다. 생각해 보면 대기업에 취업한 700여 명의 신입사원들은 대부분 웬만한 대학을 졸업한 인재가 아닌가? 게다가 (이전까지는 사원 교육에 효과적이었던) 연수도 마쳤다. 그런데 이 방법은 무력했고 부장, 과장들은 신입 교육을 포기했다. 이건 당신에게 주어진 기회다!

- 1인당 채용 비용이 약 180~260만 원인데 1년 뒤에 약 350명이 그만둔다. 때문에 매년 8억 원에 가까운 손실이 생긴다. 어떻게 하면 이 손실을 줄일 수 있을까?
- 앞으로는 채용할 수 있는 신입사원의 수가 계속 감소할 것이다. 따라서 채용한 인재를 최대한 활용해야 한다. 어떻게 하면 이직률을 낮출 수 있을까?

- 앞으로는 신입사원 연수가 보다 중요해질 것이다. 상식 밖의 사원을 준비된 인재로 만들기 위해서는 어떤 연수 프로그램이 필요할까?

이처럼 몇 가지 질문을 떠올려보는 것만으로도 당신이 할 수 있는 일이 얼마나 많은지 알 수 있을 것이다. 특히 당신은 신입사원과 간부의 중간 직급이기 때문에 양쪽을 모두 이해할 수 있다. 다리 역할을 하기에 최적의 위치가 아닌가?

게다가 연수 비즈니스는 전망이 나쁘지 않다. 대기업을 대상으로 하는 연수 비즈니스는 이전 실적이 필요하므로 지금까지는 진입이 어려웠다. 하지만 대기업에서 베이비붐세대가 은퇴하고, 의욕이 넘치는 Z세대—1990년대 중반부터 2000년 초반 출생한 세대(편집자 주)—가 결재권을 갖게 되면 전임자와는 다른 방식으로 연수 프로그램을 세울 테니 새로운 기회가 도래할 것이다.

사람의 의욕과 능력을 끌어내는 '행동심리학'이라는 분야가 있다. 그것을 실험해 볼 좋은 기회가 바로 당신의 눈앞에 놓인 셈이다. 그 실험 결과에 '인재라고 인정받는 방법', '의욕이 사원을 슈퍼 영업맨으로 바꾸는 방법' 등의 제목을 붙여 정리하면 재미도 있고, 꾸준히 결과를 쌓다 보면 출간을 제안해 오는 출판사가 나타날지도 모른다.

꿈같은 이야기라고 생각할지도 모른다. 하지만 그런 꿈 같은 일을 이루려면 단순히 기다리기만 해서는 안 된다. 바로 지금 씨앗을 뿌려야 한다. 나머지는 시간문제다.

기회가 생겼을 때 그것을 외면하는 사람과 설레는 마음으로 받아들이는 사람이 있다. 당신은 과연 어느 쪽인가?

3

상사에게 괴롭힘 당하고 있어요

Q

다른 부서 상사에게 오랫동안 괴롭힘을 당하고 있습니다. 그는 사장의 처형으로, 지금 전무직을 맡고 있는데 6개월 넘게 제 인사를 무시하고 있습니다. 연봉이 만족스러워서 회사를 그만두고 싶지는 않은데 이대로라면 승진할 가능성이 없을 것 같아요. 그럴 거라면 차라리 하고 싶은 분야의 사업을 해 보는 게 어떨까 싶습니다. 어쩌면 좋을까요?

참 한가한 회사다. 전무가 반년씩이나 사원을 못살게 군다는 이야긴데, 그런 일에 에너지를 소비하다니 가족기업치고는 드물게 실적이 좋은 회사인가 보다. 아마도 자본을 충분히 쌓아 두었고, 지금도 기존 거래처와의 거래로 일정한 매출을 올리고 있어 위기감을 느끼지 못하는 게 분명하다.

당신의 회사는 지금 전형적인 '사업적 성숙기'에 있다. 매일 아침 조례를 하고, 채용 기준이 분명하고, 회의는 같은 이야기의 반복이고, 복장이 정해져 있지는 않지만 대부분 비슷한 복장으로 출근하고, 겉으로 드러나지 않는 파벌이 있어 함께 점심을 먹는 그룹이 정해져 있다. 요컨대 매출을 올리는 것보다 현재의 관리체제 유지가 더 중요한 회사라고 할 수 있다.

당신은 그런 미지근한 회사에서 새로운 것을 시도했을 것이다. 능력이 있으니 회사의 부족한 점이 눈에 보였을지도 모른다. 혹시 그것을 너무 솔직하게 말해버린 것은 아닌가? 전무도 당신의 말이 옳다는 것을 알고 있을 것이나. 하지만 동시에 자신의 힘으로는 아무것도 할 수 없다는 사실도 알고 있었을 것이다. 그도 그럴 것이 전무가 당신의 말대로 일을 해결하려면 사장과 직접 맞서야만 한다. 그러느니 당신을 모른 체하는 편이 낫다. 그래서 무시한 것이 아닐까? 일종의 방어 본능인 셈이다.

한편, 당신 회사의 사장은 아주 고마운 사람이다. 당신을 비롯한 모든 사원에게 제법 많은 월급을 주고 있으니 말이다. 그는 돈을 많이 주니 직원들이 당연히 행복할 거라고만 믿고, 사내에서 갈등이 벌어지고 있다는 사실은 전혀 눈치채지 못하고 있다.

이런 회사를 개혁하는 것은 어려운 일이다. 카를로스 곤Carlos Ghosn이 CEO가 되기 전의 닛산자동차와 마찬가지로 배가 서서히 가라앉고 있는데 누구도 움직일 기미가 없다. 당신이 카를로스 곤의 역할을 해내는 것은 무리다. 카를로스 곤의 경우에는 그가 외국인이기도 했지만, 회장이 그의 방패막이가 되어준 덕이 더 컸다. 하지만 당신의 사장은 방패막이가 되어주지 않을 것이고(가족기업이므로 아마 처형을 해고하지는 않을 것이다), 외부에서 사장을 영입할 리도 없다.

걸출한 지도자라면 당신 같은 사람을 발탁해 개혁을 시도하겠지만, 짐작건대 사장이 당신을 특별히 눈여겨보고 있는 것 같지는 않다. 이런 회사는 끓는 물 속의 개구리처럼 변화를 감지하지 못한다.

게다가 당신도 이 미지근한 물이 싫진 않은 듯하다. 꽤 좋은 조건으로 일하고 있는 당신은 지금 안정성에 집착하고 있다. 언젠가 사업을 하고 싶다는 꿈이 있지만, 지금 당장 도전할 만큼 강한 열정이나 자신감이 있는 것은 아니다.

나는 당신의 독립이나 이직에 찬성한다. 하지만 어디까지나 당신이 다음 단계로 나아갈 준비가 되어 있을 때의 이야기다. 일단은 눈앞에 놓인 일을 처리하고 실적을 내라. 할 수 있는 일은 미루지 말고 해 두라는 말이다. 지금 다니는 회사는 미지근한 탕이기 때문에 좋은 회사로 이직하면 한동안 적응하기 어려울 것이다. 그러므로 다른 상황에 처하더라도 헤쳐 나갈 수 있을 만큼 실력을 키워 두자.

전무의 상황도 이해하려고 해 보자. 그도 당신과 마찬가지로 살아남기 위해 노력하고 있다. 나름대로 힘든 점도 있을 것이다. 사장과의 관계 때문에 쉽게 사표를 낼 수도 없으니 말이다. 당신이 타인의 잘못을 포용하는 상냥함을 발휘한다면 상황이 크게 달라질 것이다. 전무가 당신의 든든한 뒷배가 되어 줄지도 모른다.

할 만큼 해 보고, 회사의 변화를 기대하며 지켜보라. 분명히 전혀 다른 광경이 펼쳐질 것이다. 회사를 그만두는 것은 그러한 변화를 겪은 이후라도 늦지 않다.

'꼴통' 사장 때문에 힘들어요

Q

우리 회사 사장은 직원들에게 심한 말을 하며 화를 내곤 합니다. 덕분에 사내 분위기는 항상 험악합니다. 머리가 벗어진 거래처 담당자더러 '대머리 ○○'라며 비웃을 때는 정말화를 참기 어려웠습니다. 수익도 형편없습니다. 면접 당시에는 '보너스를 안 준 적이 없다'고 했는데 사실은 보너스를준 적이 없습니다. 이 회사가 아직 망하지 않은 것이 신기할따름입니다. 이보다 심한 사장도 있나요? 사장들은 어떤 의도로 이런 행동을 하는 걸까요?

이런 사장이 세상에 얼마나 많은지 모른다. 만약 '전국 저질 사장 콘테스트' 같은 것이 열린다면 정말 가관일 것이다. 직원에게 성형 수술을 강요하고 애인으로 삼은 사장, 비서를 유흥업소에 데리고 가서 그곳 직원들에게 한 수 배우라고 말한 사장, 일에 서툰 사원을 때린 사장, 경리 담당자에게 탈세를 강요한 사장, 빚에 허덕이고 있으면서 인터뷰로는 자신의 성공을 떠들어대는 사장, 사원을 성희롱한 사장 등.

모두 실화다. 사장은 모두 훌륭한 사람일 것이라는 생각은 착각이다. 사장은 일종의 병이다. 그것이 과도해지면 '자기애성 인격장애'라는 병명까지 붙일 수 있다. 어떤 사장들은 자기중심적이고 제멋대로다. 이는 주로 유아기의 트라우마 때문인데, 세간에서 성공했다고 평가받는 사람은 과거의 어려웠던 경험을 발판 삼아 재력과 명성을 거머쥔 경우가 많다. 예를 들어 비가 새는 집에서 살았던 것이 콤플렉스가 되어 건설회사의 사장이 된 사람, 양다리를 걸친 남자친구에게 복수하기 위해 사업을 시작한 사람, 자신을 괴롭히던 동창에게 과시하기 위해 자산가가 된 사람 등이 그렇다.

이렇게 글로 써놓고 보면 작은 웃음거리 같겠지만, 고급 양복을 걸친 '인간 폭탄'이 내 사장이라고 생각하면 더는 웃을 수 없을 것이다. 물론 성공한 사람은 여유가 생기기 때문에 타인에게 관대해진다. 또한 아무리 부족한 사람일지라도 몇 가지 위기를 극복하며 멋진 리더로 거듭나는 경우도 많다.

하지만 별다른 노력 없이 승승장구한 사장은 자기애에 빠지곤 한다. 회사 규모가 커질수록 사장을 치켜세우는 사람이 더욱 많아지기 때문에 사장은 자신이 인격장애라는 사실을 깨달을 기회가 없다. 연간 총매출은 끝을 모르고 오르는데 간부들은 하나둘 회사를 떠난다. 사장은 끝내 직원 이탈의 원인이 자신이라는 사실을 깨닫지 못한다.

사실 인격 파탄자야말로 회사를 급성장시키기에 적절한 인재다. 그런 사람은 사람이 쓰러져 있어도 신경 쓰지 않고 브레이크 대신 액셀을 밟을 수 있다. 이렇게 생각하면 사장은 참 무서운 사람이다.

하지만 그런 사장에게서 큰 문제를 느끼지 못하는 직원도 있다. 예컨대 걸핏하면 직원을 멍청이라고 모욕하는 인격 파탄자 사장 밑에는 폭력적인 가정에서 자라 그런 상황에 익숙한 직원도 있다. 모욕에 대응하지 못하는 직원들의 성장 과정에는 사장과 비슷한 모습의 부모가 있다. 그리고 사장 역시 아버지에게 그렇게 당했을 가능성이 크다.

이런 경우는 폭력성의 원인이 어린 시절의 상처에 있다는 것을 깨우쳐 주고 그 상처를 어루만져 주면 해결된다. 그런데 이것을 사장에게 말했다가는 불같이 화를 내서 아예 손쓸 수 없게 될 수도 있다. 그것이야말로 당사자들이 가장 대면하기 싫어하는 상황이기 때문이다. 그러므로 스스로 깨달을 때까지 지켜보는 수밖에 없다. 평생이 걸릴지도 모르지만.

사실 사회적으로는 이 문제가 해결되지 않는 것이 좋다. 완벽한 사장과 완벽한 회사만 존재한다면 경제는 침체되고 말 테니까. 젊은 경영자들이 실패한 경영자들을 반면교사로 삼아 경영을 배울 수도 있다. 그런 의미에서 당신은 지금 귀중한 경험을 쌓고 있는 셈이다. 당신과 마찬가지로 폭력적인 사장 밑에서 일하던 나의 지인은 사장에게 직언하고 그 회사를 나와 '회사는 사장의 에고(ego)가 아니라 공동의 것이어야 한다'는 신념으로 창업했다. 그 결과, 창업 4년 만에 상장에 성공했다.

나는 당신이 겪고 있는 부조리한 경험이 언젠가 다른 무대에서 유익하게 쓰일 것이라고 믿어 의심치 않는다. 그러니 아주 잠시만 참자. 젊었을 때 이런 일을 한두 가지 경험해 두는 것은 아주 중요하다. 산다는 것은 모순 속에서 옳은 일을 해나가는 것이니까.

거절을 못하겠어요

Q _____

저는 거절에 서투른 것이 고민입니다. 단골 거래처에서 무엇을 해달라고 부탁하면 마음속으로는 안 된다고 생각하면서도 입으로는 "네, 그렇게 할게요"라고 말해버립니다. 당연하게도 회사로 돌아오면 혼나기 일쑤입니다. '안 돼요'라고 말할 수 있는 비결이 없을까요?

왜 'NO'라고 말하지 못할까? 나도 한때 'NO'라고 말하지 못했기 때문에 안다. 거절했다가 미움을 사면 어쩌지 하는 마음, 다시는 일을 안 주면 어쩌지 하는 두려움 때문이 아닐까? 그리고 '자칭 성공자'들 중에 부정적 사고를 권하는 사람은 없다. 이들은 대개 "베푸는 삶을 배웁시다", "겸허해야 합니다", "자만심을 버리는 것이 중요합니다", "긍정적으로 살아야 합니다" 등의 연설을 한다. 이를 보고 감명받은 보통 사람들은 거절하고 재고하기보다는 "YES"라고 말하는 것이 더 훌륭하다고 생각하게 된다.

나도 이전에는 부정적인 말을 하지 않도록 주의하고, 상대방에게 베푸는 것만을 생각하며 영업했다. 결과는 당신과 같았다. 거래처에 허리 숙이는 것이 당연한 사람이 되었고, 이익은 늘지 않았고, 회사에서는 능력 없는 사람으로 낙인찍혔다. 즉, 아직 준비되지 않은 사람이 성공한 사람들의 조언을 믿고 무작정 따르면 결국 노예가 되고 만다. 조금만 생각하면 알 수 있는 결과다.

베풀라고 말하는 교주 주변에는 빼앗기는 신자들뿐이다. 교주에게 그보다 좋은 표어는 없다. '베풀라!'라고 외치면 그것이 최고의 가피가 되어 수백만 원짜리 항아리가 팔리니 말이다. 마찬가지로 겸허하라고 말하는 사장 주변에는 예스맨뿐이다. 한때 '덕이 중요하다'라고 강조하던 사장에게서 '반드시 너를 망하게 만들겠다!'라는 위협을 당한 뒤 깨달았다. 지금 시대에 강자가 하는 말을 곧이곧대로 믿으면 이용 당할 뿐이라는 것을.

이것이 도덕의 패러독스(paradox)다. 도덕을 말하는 강자는 자각 없이 약자를 강탈한다는 역설. 성공한 사람들은 대부분 거만하고 자기주장이 강하다. 그 덕분에 성공할 수 있었겠지만, 성공한 후에는 세상의 질투가 두려워 겸손이 최고라고 말한다. 지금까지 빼앗기만 했기 때문에 '베풀자'고 말한다. 그들 입장에서는 별문제 없는 말이다. 강한 자아에 제어장치가 되어 주기 때문이다. 하지만 같은 말을 자아, 즉 자기 자신을 지키는 갑옷이 약한 사람이 받아들인다면 어떻게 될까? 바로 강자가 바라는 대로다.

이 사실을 깨달은 나는 제때 거절하기 시작했다. 그랬더니 오히려 거래가 더욱 잘 성사되기 시작했다. 그동안 거절하지 못한 것은 자신감이 없고 자존감이 약해서였다.

눈 딱 감고 거절했더니 상대방이 나를 존중해 주었고, 우리는 대등한 관계가 되었다.

이제 조금은 '안 된다', '그럴 수 없다'라고 말할 용기가 생겼는가? 일단 거절하기 시작하면 허리가 곧게 펴지고 눈빛은 강해져 한층 당당한 태도를 갖추게 될 것이다.

잘 거절하는 비결은 절대 꺾여서는 안 될 원칙을 수첩에 적어 두는 것이다.

- **원칙 1.** '부탁합니다'라고 말하지 않기. 부탁을 받는 입장이 될 것.
- **원칙 2.** '감사합니다'가 아니라 '천만에요'라고 말할 것.
- **원칙 3.** 금액은 상대방이 제시하도록 할 것. 생각보다 낮은 금액이면 표정의 변화 없이 '도저히 거래할 수 없는 금액입니다'라고 솔직하게 말할 것.

이처럼 수첩에 거절해야만 하는 상황을 적어 둔다. 그리고 약속 장소로 이동하면서, 상대방을 기다리면서 잊지 않도록 계속 읽어본다. 상담 중에 어려운 상황이 닥치면 수첩을 한 번 훑어보며 마음을 가다듬은 다음, 냉정하게 상대방을 바라본다.

당신은 이미 혼자 힘으로 계약을 성사시키겠다는 강한 책임감을 가지고 있다. 그에 단호함까지 갖춘다면 실적은 놀라울 정도로 향상될 것이다. 나는 대형 마트 바이어가 위협적인 목소리로 '거래를 정지하겠다!'라고 말했을 때 이를 악물고 '상관없다'고 되받아쳤다. 그랬더니 며칠 후 바이어가 사과하면서 대량의 주문을 해 왔다. 단 한 마디 말로 상황이 급변할 수 있다. 한 번 거절하기 시작하면 머지않아 거절할 필요도 없는 양질의 사람들이 당신 주변에 모여들 것이다.

딱 세 번만 거절해 보라. 세상이 변할 것이다. 당신이 변하면 주변 사람들도 변한다. 이처럼 재미있는 실험이 또 있을까!

6

'오라'라는 것이 정말 있나요?

Q

'오라(aura)'니 '육감'이니 하는 것에 대한 사람들의 관심이 대단한데, 간다 씨는 이런 영적인 요소에 대해 어떻게 생각하시나요? 사후세계 같은 것이 과연 정말 존재할까요?

일단 나는 오라는 누구에게나 보인다고 생각한다. '스테레오그램(stereogram)', 흔히 '매직아이'라고도 부르는 그림을 본 적이 있는가? 그것을 볼 때처럼 시야를 넓게 하고 시점을 흐릿하게 하면 오라를 볼 수 있다.

그런데 오라가 보인다고 해도 달라지는 건 없다. 연봉이 오르는 것도, 애인이 생기는 것도 아니다. 그런 것이 보인다고 해서 자신이 무슨 특별한 사람이라도 된 것처럼 착각하면 안 된다. 차라리 노래 실력을 쌓는 것이 훨씬 의미 있는 일일 것이다.

육감도 특별할 것 없다. 육감이란 이를테면 예감처럼, 알고 있을 리 없는 정보가 갑자기 머릿속에 떠오르는 것을 말한다. 뇌가 각각 행동한다고 생각하니 이런 것이 신기하게 여겨지는 것이다. 학교에서는 인간의 뇌가 서로 영향을 주고받는다고 가르치지 않지만, 내 경험에 의하면 서로 신뢰하는 동료들의 뇌는 분명히 연결되어 있는 듯하다. 20~30명을 모아 눈을 감고 떠오른 이미지를 그리라고 하면, 서로의 그림을 볼 수 없는 거리에 있는 사람들이 비슷한 그림을 그리는 경우가 매번 발생한다. 처음에는 '어떻게 이런 일이 발생할 수 있지?' 하는 생각에 놀랐지만, 실험을 할 때마다 같은 일이 발생하니 어느새 익숙해졌다.

세상은 굉장히 복잡하기 때문에 모든 것을 합리적으로 설명하는 데에는 한계가 있다. 앞으로도 눈에 보이지 않는 세계에 관해 말하는 사람이 많이 나타날 것이다. 예를 들어 "당신은 전생에 인도에서 뱀을 다루는 공연자였으니 여러 회사를 동시에 경영해야 한다"와 같은 이야기를 재밋거리로만 즐긴다면 아무 문제 없겠지만, 이에 진심으로 휘둘려서 현실을 제대로 살지 못한다면 꼴사나울 것이다.

　한마디로 전생, 사후세계 같은 건 허구일 뿐이다. 아인슈타인도 시간은 환상에 지나지 않는다고 하지 않았는가? 그에 따르면 과거도 미래도 환상에 지나지 않고, 오직 현재만 존재할 뿐이다. 이 순간을 사는 데 전생을 믿는 것이 도움이 된다면, 믿어라. 하지만 부정적인 영향을 미친다면 그때는 믿어서는 안 된다. 자존감을 높여줄 만한 전생이면 믿고, 자존감을 해치는 전생이라면 웃어넘겨라.

　내가 부탁하고 싶은 것은, 보이지 않는 것을 볼 수 있다는 사람을 특별하게 여기지 말라는 것이다. 오라나 전생을 볼 술 안다는 사람을 훌륭하다고 여기는 사람도 있는

데, 그것은 큰 실수다. 영감과 인격은 아무 관계가 없다. 오히려 인격이 나쁜 사람은 다른 사람을 나약하게 만들기 위해 영감을 과시하는 경우가 많다. 진정한 능력자는 검소하게, 조용하게 삶을 사는 법이다. 그러니 눈으로 직접 확인할 수 없는 것들을 즐기더라도 살아가는 데에 필요한 만큼만, 웃어넘길 수 있을 정도로만 가볍게 이용해라.

고민하는 자만이
자신을 구한다

제2장

"난 못 해!"
자신감 부족에 대하여

'너는 아무것도 할 수 없다'는 생각은 콤플렉스를 극복했을 때 '이 성노는 할 수 있다'는 흔들림 없는 자신감으로 바뀐다. 근거 없는 자신감은 쉽게 거만함으로 바뀌지만, 어려움을 극복하고 얻은 자신감은 사랑을 동반한다. 그러므로 나는 힘들어도 어려움과 맞서 얻는 기적을 믿는다.

나는 내가 싫었다. 심한 근시에, 치아는 충치로 엉망진창, 여드름투성이 얼굴, 운동도 못 하고, 노래 실력도 별로다. 지금이나 되니까 '싫었다'라고 과거형으로 말할 수 있지, 이십 대에는 어디론가 사라지고 싶다고 몇 번이나 생각했다. 하지만 아침에 눈을 뜰 때마다 나 자신도 세상도 사라지지 않고 그대로였다.

의기소침한 채 멍하니 생각했다. 이렇게 생기다 만 내가 장차 무슨 일을 할 수 있단 말인가? 이런 여드름투성이가 애인을 사귀기 위해서는 어떻게 해야 할까? 내가 찾아낸 답은 낯 뜨거울 정도로 단순했다. '영어를 할 줄 알면 인기를 얻을 수 있을 것이다', '유학을 다녀오면 인기를 얻을 수 있을 것이다', '연봉이 많으면 인기를 얻을 수 있을 것이다' 등.

사람들 앞에 나서고 싶지 않았던 나는 도서관에 틀어박

혀 공부만 하면서 고독과 싸웠다. 여러 시험에 실패했지만 운 좋게 외무성 시험에 합격할 수 있었다.

괜찮은 곳에 취업한 뒤에도 나는 계속 고민했다. '내 외모를 어떻게 하면 좋을까?', '사람들이 나를 좋아하게 만들려면 무슨 말을 해야 할까?', '기분 좋은 대화를 나누기 위해서는 무슨 질문을 하면 좋을까?' 계속해서 이런 질문을 떠올리다 보니 상대방의 머릿속을 읽을 수 있게 되었고, 지금은 고객의 마음을 사로잡을 캐치프레이즈를 순식간에 떠올릴 수 있다.

노력과 시간이 모든 것을 해결해 주었다. 이십 대에는 지성 피부 탓에 여드름이 많이 나서 싫었는데, 지금은 지성 피부 덕에 주름이 잘 안 생겨서 나이보다 훨씬 젊게 보인다. 이렇게 나 자신을 좋아하기까지 40년이 걸렸다. '어느 날 깨어나 보니 성공해 있더군요!'라고 말할 수 있다면 더없이 좋겠지만, 사실은 그렇지 않았다. 나는 콤플렉스 덕분에 여러 면에서 최선을 다할 수 있었다. '나는 아무것도 할 수 없다'는 생각은 콤플렉스를 극복했을 때 '이 정도는 할 수 있다'는 흔들림 없는 자신감으로 바뀐다. 근거 없는 자신감은 쉽게 거만함으로 바뀌지만, 어려움을 극복하고 얻은 자신감은 사랑을 동반한다. 그러므로 나는 힘들어도 어려움과 맞서 얻는 기적을 믿는다.

지금 자신감이 떨어진다면, 도저히 견딜 수 없을 만큼 힘들다면 이 주문을 세 번만 외쳐 보자.

'이제 같은 어려움을 겪는 이들을 도울 수 있다.'

'이제 같은 어려움을 겪는 이들을 도울 수 있다.'

'이제 같은 어려움을 겪는 이들을 도울 수 있다.'

이렇게 얻은 친절함은 주변에 전염된다고, 나는 믿는다.

1

가업의 장래가 불안해요

Q ————————————————

저는 스물일곱 살에 가업을 이어받아 부모님과 함께 일하고 있습니다. 그런데 요즘 사업의 장래성과 매출의 격감으로 골치가 아픕니다.

우리 가게는 팥소를 만들어 전통과자점에 도매 판매를 하고 있습니다. 할아버지 대부터 운영해 왔는데, 사실 장래가 밝지 않아 어떻게 해야 좋을지 모르겠습니다. 하청을 받아 하는 일이어서 거래처 매출에 우리 가게의 매출이 좌우되니 솔직히 일하는 재미도 없습니다. 업종을 바꾸자니 달리

가진 기술이 없고, 설비 투자로 1억 원 정도의 빚을 안고 있기도 해서 위험을 무릅쓰고 사업 규모를 키울 수도 없는 형편입니다. 앞으로 어떻게 하는 게 좋을까요? 한시라도 빨리 이 장사를 단념하는 게 좋을까요?

좀 심한 말이지만, 당신의 방식은 정말 형편없다. 어떤 의미에서 보면 당신은 천재다. 할 수 없는 일을 찾아내는 천재. 첫 아르바이트를 하는 고등학생처럼 이건 이래서 안 되고, 저건 저래서 안 된다고 변명만 늘어놓고 있지 않은가? 빚이 있어서, 다른 기술이 없어서, 시장이 위험한 것 같아서, 용기가 안 나서, 이 일을 그렇게 좋아하지 않아서……. 그러면서 하는 질문이 '한시라도 빨리 이 장사를 단념하는 게 좋을까요?'라니!

내 대답은 간단하다. 지금과 같은 태도로는 무슨 일을 해도 잘되지 않을 거다. 그러니 지금의 당신은 좋아하는 일에 도전할 자격도 없다. 좋아하는 일을 해도 시작하자마자 변명만 늘어놓을 게 뻔하니 말이다. 그러니 우선은 지금 하고 있는 일에 최선을 다하길 바란다.

무엇보다 부모님과 조부모님께 감사하는 마음이 없다는 것이 용서가 안 된다. 3대째 이어온 회사다. 회사의 평균 수명이 15~20년 정도에 불과한 이 시대에 당신의 가게는 3대, 약 100년의 세월을 이어오고 있다. 이것이 얼마나 대단한 일인지 당신만 모른다. 당신이 학교를 다닐 수 있었던 것도, 여가를 즐길 수 있는 것도, 하기 싫은 일을 돕고 있다는 피해의식을 가질 수 있는 것도 모두 할아버지가 가게를 세우고 운영해 온 덕분이다. 그것에 감사하기는커녕 잘난 척이나 하고 있다니! 안 될 일이다.

팥소 도매업은 쇠퇴산업이지만, 당신같이 의욕 없는 인간을 먹여 살리는 것으로 보아 업계에서의 신용이 상당한 모양이다. 사실 3대째 이어오고 있다는 것만으로도 대단한 자산이다.

- 영업하지 않아도 기존의 거래처가 있다.
- 100년 가까이 된 전통을 이용할 수 있다.
- 100년이나 됐으므로 저명인사가 맛을 평가했을 가능성이 다

분하다. 거래처가 뛰어난 과자점으로 잡지나 텔레비전에 소개된 일도 있을 것이다.

- 지금까지의 신용으로 어느 곳보다 맛있고 우수한 원료를 공급받을 수 있다.

게다가 당신이 망연자실해 있을 정도라면, 현재 시장에는 당신처럼 고전하고 있는 곳이 많을 것이다. 그리고 그런 곳의 후계자는 이미 오래전에 비전 없는 샐러리맨이 되었을 확률이 높다.

당신은 지금 더할 나위 없이 좋은 기회를 앞에 둔 셈이다. 동종 업체들은 몇 년 안에 대부분 망할 것이다. 그렇게 되면 전통 있는 팥소를 만드는 업체가 얼마나 남겠는가? 그것도 당신처럼 젊은 후계자를 둔 회사가 과연 또 있을까?

내게 한 질문만 봐도 타인에게 줄곧 의지하는 당신의 성향이 엿보인다. 설마 이 세상 어딘가에 마법의 지팡이가 있고, 그것만 있으면 장밋빛 인생이 펼쳐질 거라고 믿고 있는 건 아닌가? 정신 차려라! 인생은 당신 같은 응석

받이에게는 가시밭길만 열어 준다! 다행인 점은 인생은 가시밭길로 뛰어든 자에게는 기적 역시 선물한다는 것이다. 마법의 지팡이는 바로 거기, 가시밭길에 있다. 바로 당신의 눈앞에.

내가 보기에는 팥소 도매업 자체가 마법의 지팡이다. 그런데 그 마법의 지팡이를 도대체 어떻게 활용해야 좋을까? 일단 할아버지께서 정정하시다면 이 가게를 차릴 때 어떤 상황이었는지, 어떤 이유로 팥소를 팔게 되었는지, 다들 굶주리던 시대에 어떻게 성공할 수 있었는지 여쭈어보자. 할아버지께서 안 계신다면 아버지에게 여쭈어 보라. 거기에는 그 어떤 영웅담보다 멋진 이야기가 숨겨져 있을 것이고, 어떤 마음으로 이 회사를 운영해 왔는지 멋진 창업가 정신이 깃들어 있을 것이다. 그 창업가 정신을 이어받는 것이 당신이 할 일이다.

그런 다음 새로운 다짐으로 조상님의 묘를 찾아가라. 나라면 그곳에서 이렇게 맹세할 것이다.

"지금까지 저를 지켜 주셔서 감사합니다. 앞으로는 제가 가업을 지키겠습니다."

이 정도의 각오도 없다면 아무리 구체적인 방법을 가르쳐 주어도 쇠귀에 경 읽기일 뿐이다. 다시 한번 말하지만, 우선은 부모님과 조상님께 감사하는 마음부터 가져라.

당신이 앞으로 경영해야 할 것은 팥소 도매상이 아니다. 앞으로 우리에게 필요한 것은 '식육(食育)', 즉 식사 예절 교육으로, 음식을 통해 자기 자신과 세상에 대해 가르치는 것을 말한다. 설탕이나 유지방의 과도한 섭취는 몸에 나쁘다. 그 때문에 유럽과 북미에서는 아시아 전통 과자가 제법 인기를 얻고 있다. 이러한 흐름에 당신 회사의 전통성과 창업가 정신을 투입하는 것이다.

지금 하는 사업을 계속해서 이끌어갈 실력과 경험을 충분히 쌓으면, 그때 진정으로 당신이 원하는 일을 만나게 될 것이다. 물론 목숨을 걸더라도 하고 싶은 일이 있다면 그것을 하면 된다. 목숨을 걸면서까지 하고 싶은 일을 가진 사람은 드물다. 보잘것없는 일이라도 피하지 않고 열심히 한 사람만이 멋진 성공을 거머쥘 수 있다.

매정하게 이야기하긴 했지만, 당신은 믿음직한 가업을 이어받았으니 관점을 약간만 바꾸면 크게 성공할 수 있다. 나도 당신 나이 때는 응석받이였다. 그때 나를 따끔하게 꾸짖던 상사가 있었는데 당시에는 얼마나 분하고 서러웠는지 모른다. 하지만 오랜 시간이 지난 지금까지 그때의 충고에 도움 받고 있다.

당신이 이 시기를 잘 헤쳐 나간다면 비슷한 사업을 물려받은 후계자들이 당신을 보고 용기를 얻을 것이다. 성숙기에 놓인 산업이 성장산업으로 바뀌는 것은 선견지명을 가진 단 한 사람의 존재 여부에 달려 있다. 당신에게 기대를 건다.

2

나이 많은 부하직원,
어떻게 대해야 할까요?

Q ————————————————

저는 삼십 대 직장인입니다. 제 입으로 말하긴 뭣하지만, 저는 남들보다 승진이 빠른 편이어서 저보다 열 살 많은 부하직원을 두고 있습니다. 어떻게 하면 그 직원과 인간적으로 잘 지내면서도, 업무 실적을 관리하고 격려해서 목표를 달성할 수 있게 할지 고민입니다. 서른 무렵에 외국계 기업의 지사장이 되었던 간다 씨, 도움을 주세요.

방법은 간단하다. 당신이 어미 새가 되어 부하직원에게 먹이, 즉 새로운 일을 물어다 주면 된다. 그뿐이다.

어렵다고 엄살 부리지 마라. 당신은 나이에 비해 능력 있다, 즉 젊다는 이유로 승승장구하고 있다. 당신은 날 때부터 인터넷과 함께 살아왔지만 나이 많은 부하직원은 환경이 다를지도 모른다. 국제전화 요금이 비싸 해외 영업에 신중하던 시절이 있었고, 메신저가 아닌 팩스를 주로 사용하던 시절도 있었다. 그러니까 당신과 그 부하직원의 환경 차이는 솔직히 네안데르탈인과 호모사피엔스의 차이만큼이나 크다. 나 같은 중년은 아무리 애써도 할 수 없는 일을 당신들은 식은 죽 먹듯이 할 수 있다.

예전에 해외 영업은 비참함의 극을 달렸다. 영어도 못하고 약속된 고객도 없는 상황에서 무작정 현지로 날아가 서툰 영어로 식은땀을 흘리며 전화기와 씨름하는 날들의 연속이었다. 하지만 지금은 해외의 신규 고객과 이메일을 몇 차례 주고받는 것만으로도 계약이 성립된다.

해외 영업 환경은 이제 완전히 달라졌다. 그러므로 당신 또래만이 할 수 있는 일에 전념해라. 예를 들어, 여러 언어로 볼 수 있는 홈페이지를 만들어 해외 검색엔진에 키워드 광고를 하면 어떨까? 이건 불과 몇 년 전까지만 해도 어려운 일이었다. 해외 미디어에 광고를 내려면 현지에 가야만 했던 시절도 있었다. 그런데 이제는 돈만 있으면 전 세계 어디든 광고를 내걸 수 있다. 또한 상품 정보도 홈페이지에 영상을 업로드해 두기만 하면 된다. 예전에는 해외 고객에게 제품 영상을 보여 준다는 건 꿈도 못 꿀 일이었다. 카탈로그를 보내는 것도 국제우편으로 일주일은 걸렸다.

거리와 시간을 단축할 수 있는 인터넷 덕분에 해외 영업이 일변했다. 지금은 기업들이 이러한 변화에 적응하는 기간이므로 함께 뛰어들면 신규 고객을 척척 확보할 수 있을 것이다.

자신보다 나이가 많은 직원의 상사가 되는 것은 힘든 일이다. 하지만 당신이 신규 고객이 유입되는 마케팅 시스템을 만들어 끊임없이 고객을 끌어온다면, 부하직원은 그 시스템에 의지해야 영업 실적을 올릴 수 있으므로 자연히 당신을 상사로 인정하게 될 것이다. 즉, 관리직이라고 해서 부하직원을 관리하기만 할 것이 아니라 스스로 일을 만들어내야 한다. 부하직원의 영역을 침범하지 않는 새로운 영역을 개척해야 한다. 그것이 부하직원의 영업 실적 달성을 돕는 길이기도 하다. 그들 입장에서 보면 결국 당신 같은 젊은 관리직 밑에서 일하는 것이 행운이다. 그게 아니면 시대에 뒤처질 수밖에 없기 때문이다.

새로운 일을 시작하면 당분간은 비판도, 마찰도 생길 것이다. 어쩌면 뒤에서 손가락질 당할지도 모른다. 처음에는 힘들겠지만 언젠가는 알아주는 사람이 생기리라 믿고 당신만이 할 수 있는 일을 해내라. 성실성과 열의를 보이면 사람들은 따라오게 되어 있다.

물론 말만으로 베테랑 직원을 구슬리는 방법도 여러 가지가 있다. 심리적 테크닉을 구사하면 된다. 단, 그것만으로는 효과가 오래가지 않는다. 테크닉은 당신이 어려운 일을 해냈다는 경험이 있을 때 비로소 효과를 발휘한다.

당신은 삼십 대, 할 일은 빨리빨리 해치우자. 불혹의 나이에 들어서면 일을 하려 해도 체력이 따라주지 않는다. 무리하는 것도 한때다. 테크닉은 나중에도 배울 수 있으니 일할 수 있을 때 일해 두자. 그 경험은 나이가 들수록 무엇과도 바꿀 수 없는 보물이 될 것이다.

3

꿈이 없어요

저는 이제 이십 대가 되었습니다. 최근 꿈을 가져라, 꿈을 적어서 곁에 두어라 등의 말을 자주 듣습니다.《비상식적 성공 법칙》에도 그와 비슷한 이야기가 나오더군요. 그런데 저는 그 가치관을 따라갈 수가 없습니다. 꿈, 꿈, 꿈……. 이 말을 들을수록 가슴이 답답하고 호흡이 가빠집니다. 세상이 지나치게 빨리 달려가고 있는 것은 아닐까요?

'꿈을 꼭 가져야만 하나?'라는 의문이 드는 것은 당연한 일이다. 부모님이나 상사에게 꿈을 가지라는 이야기를 들으면 솔직히 숨이 막혀온다. 사실 나이로 보나 사회적으로 보나 위에 있는 사람에게 그런 말을 들으면 "네, 그래야지요"라고 대답할 수밖에 없지 않은가? 그리곤 자신의 무능함을 돌아보며 '어차피 나는 안 돼'라고 어깨를 축 늘어뜨릴 수밖에 없다.

나도 처음 사회인이 되었을 때 영어 연수에서 '나에게는 꿈이 없다'는 내용을 작문한 적이 있다. 그렇게 하지 않으면 의욕 넘치는 분위기에서 나 자신을 지킬 수 없었기 때문이다.

그랬던 나를 포함해 조금 성공했다 싶은 사람들은 하나같이 꿈을 가지라고 말하는데, 그런 어른이 아이들에게 어떤 꿈을 보여줄 수 있을까 생각해 보면 지극히 세속적인 것밖에는 떠오르지 않는다. 가령 '돈을 많이 벌어 전용기로 세계 일주를 하고 싶다', '유명한 사람이 되고 싶다', '메이저리그에서 뛰는 야구 선수가 되고 싶다' 등. 이런 소원은 전제된 가치관 자체가 이미 매스컴에 의해 세

뇌된 것이다. 좀 더 사회적인 꿈도 있다. '새로운 시대를 구축한다', '지구를 구한다', '환경을 지킨다', '교육개혁을 이룬다' 등. 훌륭한 내용뿐이지만 사명감에 아드레날린을 방출하다가도 그것을 실행하라고 하면 발뺌하고 만다.

요즘 젊은이들은 꿈이라는 이름의 '세속적 소원'에 의구심을 느낀 나머지 딱히 그것이 멋지다고 생각하지 않는다. 감성이 뛰어난 젊은이는 10년 후에는 부나 명예를 꿈이라고 말하지 않게 될 것이라는 사실을 본능적으로 알고 있다. 그러니 '꿈을 가져라!'라고 강요받으면 세상에 등을 돌릴 수밖에 없게 된다. 꿈을 갖는 것은 좋은 일이지만 강요받고 싶지는 않다. 각자 자신의 페이스가 있으니 말이다.

22~28세까지 7년간을 '케어기버(caregiver) 기간'라고 부르는데, 당신은 바로 이 시기에 속한다. 타인을 도움으로써 자기성장의 기반을 닦을 수 있는 시기라는 뜻이다. 비유하자면, 앞으로 어떤 씨앗을 심을지 생각하면서 땅을 일구는 시기다. 땅을 일구어야만 아스파라거스든 사과나무든 심을 수 있나. 가능성은 무한하니 무엇이든 도전할

수 있도록, 불만을 토로하면서라도 기반을 다져야 하는 시기다. 이런 중대한 시기에 세상이 강요한 꿈에 얽매인다니, 얼마나 안타까운 일인가!

나는 고등학생 때 뮤지션이 되고 싶어 록 밴드 활동을 했다. 대학생 때는 국제적으로 활동하는 사람이 되고파 동시통역사를 꿈꿨다. 그런데 그 꿈을 수첩에 적지 않은 것이 얼마나 다행인지 모른다. 만일 수첩에 적었다면, 특히 요즘처럼 꿈의 실현 속도가 빨라진 시대에는 그 꿈이 실현되었을지도 모른다. 만약 그 꿈이 실현되었다면 나는 나의 진짜 재능이 뭔지도 모른 채 살았을 것이다. 지금처럼 이렇게 글을 쓸 일도 없고, 당신과 만날 일도 없었을 것이다.

어떤 사람은 스물두 살에 사업에 성공해 평생 먹고살 돈을 거머쥐었다. 그것으로 인생이 끝난다면 해피엔딩이었을 텐데 앞으로 몇십 년을 더 살아야 한다는 게 문제였다. 그는 어린 나이에 요트를 타며 파도를 가르기도 하고, 도심의 고층 빌딩을 사기도 했지만, 가슴 속 허전함은 점점 커지기만 했다. 나는 그에게 말했다.

"그런 영감 같은 짓은 한참 후에, 그러니까 뱃살이 툭 튀어나온 아저씨가 된 다음에 해도 늦지 않아. 너 같은 사람은 10년 후에나 필요한 인재이니 지금은 개발도상국 같은 곳에 가서 땀 좀 흘리고 오는 게 어때?"

내 말을 들은 그의 눈이 반짝 빛났다.

"맞아요! 전 고등학교 때부터 청년해외협력단에서 봉사하고 싶었어요!"

이것이야말로 이십 대다운 꿈이 아니겠는가? 곁에 둘 사람을 고를 때는 돈이 있느냐 없느냐가 아니라 이런 근원적인 힘이 있는가 없는가를 봐야 한다.

남보다 앞질러 사는 것도 좋지만 나이에 걸맞게 차근차근 쌓아가는 것도 중요하지 않을까?

최고의 카피라이터가 되고 싶어요!

Q _____

《모모》라는 소설을 읽고 많은 감동을 받았습니다. 책에 등장하는 '시간저축은행'도 멋졌고요. 어떻게 그런 이름을 지었을까요? '이름'하니까 하는 말인데, 간다 씨도 이름 모를 욕구에 멋진 명칭을 붙이곤 하지요. 앞으로는 평범한 직장인들에게도 그런 센스와 문장력이 필요하다고 생각하는데, 어떻게 하면 잘 할 수 있을지 모르겠습니다. 카피라이터이자 에세이스트인 이토이 시게사토糸井重里를 비롯해 여러 유명 카피라이터의 책도 읽고 있는데, 저처럼 평범한 사람은 도저히 따라갈 수 없는 영역이 있는 것 같습니다. 저처럼 평범한 사람은 어떻게 하면 센스를 키울 수 있나요?

내가 다시 태어난다면 반드시 다시 연마할 싶은 기술 중 첫 번째가 바로 문장력이다. 왜냐하면 문장력만 뛰어나도 높은 수입은 따 놓은 당상이니까! 게다가 종이와 펜만 있으면 얼마든지 일할 수 있으니 모든 걸 잃고 허허벌판에 버려지더라도 당장 다음날부터 가족을 먹여 살릴 자신이 있다. 문장력은 그만큼 강력한 기술이다.

무언가가 팔리는 순간에는 반드시 좋은 광고 문구가 있다. 전단지 광고, 광고 메일, 홈페이지도 그렇다. 주문서, 계약서도 문장이 없으면 성립될 수 없다. 물론 대화를 통해 판매하는 경우도 있지만, 그전에 그 대화를 위해 작성하는 일종의 원고가 있다. 즉, 돈을 벌 때 반드시 필요한 것은 바로 언어다. 신용카드보다도 우선이다.

문장은 시간과 공간을 뛰어넘을 수 있다. 당신의 제안이 언어로 응축되면 민들레 홀씨처럼 날아서 멀리 떨어진, 만난 적도 없는 사람에게 닿을 수 있다. 그리고 당신의 말에 많은 사람이 공감해 상품이 팔려나가기 시작하면 그 문장은 몇 년 동안 끊임없이 부를 생산할 것이다.

이렇게 이야기하면 나를 배금주의자라고 비판할 것 같아 걱정이지만, 내가 독립해서 회원제 컨설팅 사업을 시작했을 때 쓴 회원 모집 문장을 많은 사람이 인용했다. 그 문장이 10년간 4,500억 원 정도를 창출했을 것으로 추측한다. 연금술이란 다름 아닌 언어의 조합이 아닐까? 문제는 이러한 문장력을 어떻게 연마하느냐는 것인데…….

문장에는 여러 가지 종류가 있다. 《모모》처럼 우화를 통해 사회변혁을 꾀하는 문장, 이토이 시게사토처럼 어렴풋한 개념을 단 한마디로 표현하는 문장, 그리고 나의 경우처럼 비즈니스 제안을 정리해서 필요한 사람에게 보내는 문장도 있다.

물론 당신이 말한 것처럼 범접할 수 없는 영역이라는 것이 있을지도 모른다. 나는 개인적으로 작가 에쿠니 가오리江國香織의 글을 참 좋아한다. 그의 글처럼 몇 줄만 읽어도 마음이 뭉클해지는 그런 문장을 써보고 싶지만,

어떻게 하는 건지 도무지 감을 잡을 수 없다. 그래서 당신의 기분을 충분히 이해한다. 나는 결코 흉내도 못 낼 일이 아닐까 걱정하는 마음.

확실히 소설을 쓰는 데에는 재능이 필요하다. 하지만 실용적인 글쓰기는 누구나 습득할 수 있다. 왜냐하면 '어떤 말이 고객의 마음에 쉽게 전달될까?', '어떤 문장이 고객의 마음을 움직일까?' 등의 노하우는 DRM(Direct Responds Marketing) 분야에서 100년도 넘게 연구되고 있기 때문이다. 그 노하우의 기본은 이해하기 쉽게 표현하는 것이다. 여기에는 기초적인 문장력이 필요할 뿐이다. 그 어떤 재능도 필요로 하지 않는다. 이렇게 단언할 수 있는 것은 내가 가르친 제자들이 나를 능가하는 창업가나 베스트셀러 작가가 되었기 때문이다.

매출을 올리기 위해서 100점 만점의 문장력을 가질 필요는 없다. 40점 정도만 돼도 괜찮다. '어떤 문장이 판매에 좋은 문장일까?' 하는 문제는 학교에서 가르치지 않는다. 안타까운 일이지만 대부분 '판매에 좋은 문장'이 무엇인지 배운 적이 없고, 그 존재조차 알지 못한다. 그러니 기초만 배워도 어느 정도는 성과를 낼 수 있다.

문장력은 도대체 어디서 배워야 할까? 서점의 마케팅 코너에 가면 분명 '잘 팔리는 문장'에 관한 책이 있을 것이다. 그중에서 마음에 드는 책을 골라 읽어 보자. '이런 세계가 있었다니!'라며 눈이 휘둥그레질 것이다.

딱 1그램 정도만
편하게 사는 방법을 가르쳐주세요

Q ———————————————

저는 사회적으로 성공한 사람들이 쓴 책을 즐겨 읽는 여성
직장인입니다. 좋은 일과 나쁜 일은 반씩 발생한다던가, 월
급은 참고 견딘 값이라는 그들의 이야기에 깊이 공감합니
다. 그런데 납득이 안 가는 부분도 있습니다. 세대 차이 때
문일까요? 그들이 몸소 겪은 고난을 겪어본 적이 없어서일
까요? '나는 저렇게는 못 살아', '이 사람들은 이미 유명 인
사지만 나는 한낱 소시민이야', '죽을힘을 다해 살기보다는
그지 편하게 살고 싶어' 하는 생각도 있습니다. 한없이 편하

게 살고 싶다는 의미가 아니라 쫓기지 않고 한 발 한 발 제 페이스로 살아가고 싶을 뿐입니다. 딱 1그램만 가볍게 사는 비결 같은 게 있다면 가르쳐 주세요.

딱 1그램만 가볍게 사는 비결이라! 거참, 군침 도는 화두다. 책으로 내볼 생각은 없는지? 내가 출판 편집자라면 콧바람을 내뿜으며 달려들 것이다. 농담이 아니라 정말 좋은 발상이다.

여성들의 삶이 자유로워지며 삼십 대 이상 여성은 대부분 고민 속에 살게 되었다. 옛날 같았으면 당연하다는 듯이 결혼해서 아이도 낳고 어느 정도 삶의 방향이 정해져 있을 텐데, 지금은 결혼을 하느냐 마느냐, 아이를 낳느냐 마느냐도 본인 의사에 달렸다. 결혼을 했다가도 언제든 이혼할 수 있고, 연애의 형식도 가지가지다. 이렇게 개인적인 고민하는 동안 업무 관련 메일은 24시간 내내 쉴 틈 없이 날아든다. 이런 상황에서는 신경증에 걸리지 않는 것이 대단할 정도다. 그럴 때 쉽게 편안해질 수 있는 비결이 있다면 내게도 꼭 좀 가르쳐 주길 바란다.

  책을 써보지 않겠느냐고 제안한 것은 농담이 아니라 글을 쓰는 것이 마음을 편하게 하는 방법 중 하나이기 때문이다. 지금 당신은 주변의 영향에 크게 흔들리고 있다. 다른 사람의 말에 전적으로 찬성하면서도 누구의 말도 납득하지 못했다. 당신이 하는 말은 모순투성이지만, 주변도 모순되긴 마찬가지니 어쩔 수 없는 일이다.

  이처럼 모순투성이인 세상에서는 더더욱 인생의 축을 정하지 않으면 주변의 흐름에 떠밀려가고 만다. '다른 사람이 뭐라고 하든 상관없다. 나는 이렇게 살고 싶다'라는 행복의 기준을 확실히 세우길 바란다. 글을 쓰는 것은 자신의 내면을 응시하는 작업이므로 많은 도움이 될 것이다.

  글을 쓸 때 당신을 제약하는 것은 아무것도 없다. 지금은 특히 많은 SNS 매체가 있으므로 마음만 먹으면 언제든지 글을 쓸 수 있다. 문장력에 자신이 없어도 괜찮다. 다른 사람의 문장이 얼마나 격조 높은지 알 정도라면 당신은 반드시 좋은 글을 쓸 수 있을 것이다.

이제 무엇에 대해 쓸지 결정하면 된다. '딱 1그램만 가볍게 사는 비결'을 주제로 하루에 한 편씩 써보는 것은 어떨까? 그럼 365일분의 글이 완성된다. 그것을 출판사에 가지고 가라. 편집자는 쌍수를 들고 환영할 것이다. 출판 가능한 원고가 제 발로 걸어들어왔으니까.

허황한 꿈을 부추긴다고 생각할지도 모르지만, 내가 이런 제안을 하는 것은 여기에 기회를 발견하는 법칙이 숨겨져 있기 때문이다. 그 법칙은 바로 '나의 고민이 다른 사람들을 행복하게 할 수 있다'는 것이다. 중요한 말이라 다시 한번 강조한다. **나의 고민은 다른 사람들을 행복하게 할 수 있다.**

내가 이 책을 쓰게 된 계기도 내 고민 때문이었다. 당신과 비슷한 나이였을 때의 일이다. 당시 나는 6개월 내에 매출을 올리지 못하면 지부 문을 닫아야만 하는 위기에 놓여 있었다. 그래서 나는 미국의 마케팅 방식을 일본에서 철저하게 적용해 보았다. 그리고 그 결과를 《적은 예산으로 우량 고객을 사로잡는 방법》이라는 소책자로 만

들어 배포했다. 그 후에 출판된 《90일 만에 당신의 회사를 고수익 기업으로 바꿔라あなたの會社が90日で儲かる!》는 이례적인 히트를 쳤고, 지금도 꾸준히 증쇄를 찍고 있다.

이처럼 고민은 알고 보면 기회가 둔갑한 모습이다. 기회는 당신을 새로운 세계로 이끌기 위해 문을 두드리고 있다. 당신이 도망치면 고민은 당신이 가능성을 인식할 때까지 계속 따라갈 것이다. 그러나 반대로 당신이 고민을 쫓기 시작하면 고민은 어느새 사라지고 강력한 힘이 되어줄 것이다.

지금 당신의 고민이 문을 두드리고 있다. 도망가지 말고 뒤쫓아라. 고민을 쫓기 시작한 당신은 다른 이들의 눈에 더할 나위 없이 매력적으로 보일 것이다. 이것이 빛나는 삼십 대가 되는 비결 중 하나다.

발표를 잘하는 방법은 없나요?

Q _____

와타나베 미키渡邉美樹는 "비즈니스맨에게 가장 중요한 기술은 '프레젠테이션 능력'이다"라고 말했습니다. 그런데 저는 프레젠테이션을 하려고 하면 머릿속이 하얘져서 아무것도 할 수 없습니다. 상대방과 눈도 제대로 못 마주치고 논리적으로 말하지도 못합니다. 저는 무엇부터 시작하면 좋을까요?

'나는 못 한다'라고 생각하는 사람일수록 숨은 재능이 많다는 사실을 알고 있는가? 이렇게 말하면 헛소리한다고 생각할지 모르지만 절대 그냥 하는 소리가 아니다.

친구 중에 스노보드 강사가 있다. 그는 공간파악 능력이 특출나서 한 번 경험한 경사면은 절대 잊지 않는다. 그런데 공부는 정말 못했다. 책을 읽어도 머릿속에 들어오질 않아 1년에 3권을 읽으면 많이 읽었다고 할 정도였다. 그런데 '포토리딩'이라는 우뇌 활용 정보처리법을 배운 뒤 그는 한 달에 30권 넘는 책을 읽게 되었다. 실력이 얼마나 대단한지 지금은 포토리딩 강사로 연간 1,000명이 넘는 사람들에게 이 정보처리 기술을 가르치고 있다.

또 주변의 한 경영 컨설턴트는 말을 얼마나 심하게 더듬는지 그의 이야기를 듣고 있으면 도통 무슨 내용인지 알아들을 수 없을 때가 많았다. 어느 날 그는 '마인드맵'이라는 메모 기법을 배웠다. 그리고 그는 누구보다 세밀한 마인드맵을 그릴 수 있게 되었다. 그 마인드맵을 들고 강단에 선 그를 보고 너나 할 것 없이 입을 모아 말했다. "완전히 다른 사람이 됐네!" 말을 끊는 방법, 호흡법, 시선의 이동, 청중과의 커뮤니케이션, 그리고 보디랭귀지까지! 완벽한 프레젠테이션이었다.

강연 후 놀란 사람들이 그에게 무슨 일이 있던 건지 물었다. 그는 행복한 표정으로 대답했다.

"이야기의 흐름을 마음속에 마인드맵으로 그려 두면 전혀 불안하지 않다는 사실을 알게 됐어."

이 두 사람의 공통점은 우뇌 인간, 즉 문자나 수식에 약하고 운동이나 예술에 뛰어난 사람들이라는 점이다. 그런 사람들이 우뇌를 활용하는 정보처리법을 배우면 놀라운 능력을 발휘하게 된다.

프레젠테이션이란 좌뇌 기술, 즉 분석 능력과 언어 능력을 주로 사용하는 일이다. 그러므로 우뇌 인간 입장에서 보면 결코 쉬운 일이 아니다. 우뇌 인간의 머릿속에서는 전후 맥락 없이 연이어 이미지가 떠오르고, 말을 찾아내기 전에 다음 발상이 튀어나오곤 한다. 그런 사람에게 틀에 박힌 서식에 하고 싶은 말을 항목별로 일일이 쓰라고 하는 것은 비둘기 다리에 추를 달아놓고 날아보라고 요구하는 것과 같다.

아마 당신도 우뇌 인간인듯하다. 그러니 마인드맵부터 시작해라. 변한 모습에 깜짝 놀라게 될 것이다.

마인드맵이 무엇인지 간단히 설명하겠다. 마인드맵은 한가운데, 중심 생각에서 가지와 잎이 뻗어 나가는 것처럼 발상을 확대하는 것이다. 생각이 떠오를 때마다 하나의 가지에 한 가지씩 말을 써넣는다. 그러면 아이디어끼리 연결되어 점점 발상이 넓어진다. 말뿐만 아니라 그림이나 상징적 기호를 그려 넣어도 좋다. 이렇게 하면 내용을 기억하기 쉽다. 그려놓은 지 1년이 지난 내용이래도 마인드맵을 보면 문제 없이 그 내용을 술술 말할 수 있다. 또 대본을 몇 장씩 쓸 필요도 없다. 딱 한 장이면 된다. 때문에 더더욱 한눈에 내용을 떠올릴 수 있다.

글을 쓰거나, 사람들 앞에서 연설을 하거나, 발상력과 창조력이 업무의 핵심인 사람에게는 마인드맵이 필수다. 도움이 되겠다는 생각이 들었다면 꼭 관련 책을 찾아 읽어보길 바란다. 일생일대의 공부가 될 것이다.

제3장

첫걸음은
늘 무섭고도 즐겁다

행동하기 전에는 성공힐 확률이 전허 없어 보여도 행동으로 옮기는 순간 완

전히 가능성 없는 일은 아니라는 사실을 알게 된다. 씨앗을 뿌리고 첫 싹이

돋아나기까지가 힘들지 나중에는 눈 깜짝할 사이에 관리하기 벅찰 정도로

풍성한 꽃밭이 되는 것과 마찬가지다.

당신은 지금 아주 특별하고 가치 있는 일을 하려고 한다. 예컨대 버려진 물건을 재활용해서 상품을 만들고, 그 수익으로 한부모가정에 집을 지어주는 프로젝트를 기획했다. 이 프로젝트가 궤도에 오르기만 한다면 많은 사람을 도울 수 있다. 당신은 이 프로젝트에 지원을 받기 위해 유명인사, 사업가 등 30명에게 제안 메일을 보냈다.

'사리사욕 없이 선의로 하는 일인데 적어도 절반은 도와주겠지.'

설레는 마음으로 회답을 기다렸지만, 현실은 아주 냉정했다. '그런 의뢰가 너무 많아서 다 들어주자면 끝이 없다', '집보다는 취업 기회 제공이 우선이다', '익명으로는 협력할 수 있다' 등. 큰맘 먹고 좋은 일을 해 볼까 했는데 거의 전멸이었다. 평소에 취약가정을 지원하고 있다고 공언하던 사람들까지 거절 의사를 밝혔다. '내 학력이 부족

해서였을까?', '실적이 나쁜 사람은 상대도 안 해 주네!'
싶어 포기하고 싶어질 것이다.

　그런데 이 상황을 어떻게 해석하느냐에 따라 결과가 다
르다. '완전 전멸'과 '거의 전멸'은 하늘과 땅 차이다. '완
전 전멸' 즉, 제로(0)는 아무리 곱해도 제로지만, '거의 전
멸' 즉, 0.xxx…의 경우에는 파이를 얼마나 크게 만드느
냐에 따라 달라지므로 나머지는 열의와 끈기와 시간에
달려 있다. 훗날 아주 대단한 일이 될 수도 있다.

　실제로 30명 중 한 명쯤은 '열심히 노력하는 모습을 보
니 나쁜 사람 같지는 않다. 돕겠다!'라고 나선다. '달랑 한
명으로 뭘 할 수 있겠어?'라고 생각할지도 모르지만, 이
한 사람이 굉장히 중요하다. 왜냐하면 이 한 사람의 참여
로 "나도 동참할 의사가 있다"라고 나서는 사람이 생길
수 있기 때문이다. 이렇게 되면 결국 두 사람은 도와준 셈

이다. 실제로 이 비율은 나 같은 사람이나 완전히 무명인 사람이나 크게 다르지 않다.

행동하기 전에는 성공할 확률이 전혀 없어 보여도 행동으로 옮기는 순간 완전히 가능성 없는 일은 아니라는 사실을 알게 된다. 씨앗을 뿌리고 첫 싹이 돋아나기까지가 힘들지 나중에는 눈 깜짝할 사이에 관리하기 벅찰 정도로 풍성한 꽃밭이 되는 것과 마찬가지다.

처음 한 명을 얻기 위해 그야말로 필사적인 노력을 해야 한다. 하지만 1을 2로 늘리는 데는 그 절반의 노력도 들지 않는다. 그리고 2가 된 뒤에는 시간문제다. 알아서 쑥쑥 불어난다. 0에서 100으로 건너뛰려 하지 말고 0을 1로 만들려고 노력하자.

창업 준비 중인데 마음이 불안해요

저는 스물한 살이고 지금은 창업을 꿈꾸며 자금 마련을 위해 아르바이트를 하고 있습니다. 간다 씨의 책을 통해 사업에 대한 공부도 하고 있고요. 저는 기업가로서의 기술과 지식이 있고, 그것을 실행할 수만 있다면 반드시 성공하리라 믿습니다. 비록 지금은 아르바이트를 하고 있지만 그렇게 믿어요. 하지만 주위 사람들이 하나둘 취직하는 것을 보면서 '내 생각이 정말 옳을까?'라는 생각이 들어 종종 불안하기도 합니다. 저, 잘하고 있는 거 맞나요?

지금 내가 취해 있다면 당신에게 이렇게 말했을 것이다. "세상은 그렇게 호락호락하지 않아!" 물론 당신 말처럼 공부해서 지식을 쌓은 뒤 행동에 옮긴다면 돈을 벌 수는 있을 것이다. 돈은 틀만 만들면 누구라도 벌 수 있으니까. 하지만 그것을 성공이라고 할 수 있을까? 그것으로 인생이 행복해질까?

돈은 확대경이다. 돈은 당신의 정신성을 확대한다. 만일 지금 당신이 즐겁고 평화롭게 살고 있다면 돈을 가짐으로써 좀 더 즐겁고 평화롭게 살 수 있다. 하지만 지금 당신이 몽상에 빠져서 불안하게 살고 있다면 돈을 충분히 갖더라도 더 불안해질 뿐이다. 그러므로 내 책만 읽고 쉽게 성공하더라도 마찬가지다.

한 가지 예를 들어보자. 언젠가 크게 성공한 한 회사의 중역을 만난 적이 있다. 그는 IT 회사의 창업 멤버로, 회사가 상장한 덕에 삼십 대 초반의 나이에 이미 평생 먹고 살 정도의 재산을 모았다. 일반적으로 생각하면 그런 행복이 또 없을 것이다. 하지만 그에게는 고민이 있었다. 살아 있다는 느낌이 들지 않는다는 것이다. 그는 자기 손으로 무언가를 이뤄내고 싶었다. 하지만 너무 순조롭게 성공해버린 나머지 모든 것이 우연히 복권에 당첨되어 얻은 것처럼 느껴질 뿐이었다. 그가 둔한 사람이었다면 좋았을 텐데. 자신을 성공한 사람이라고 착각할 수 있었을 테니까. 하지만 그는 제대로 된 사람이었다. 성공했어도 불안을 떨쳐버릴 수 없었다.

젊은 시절에는 돈보다 풍부한 경험을 쌓는 것이 훨씬 중요하다는 사실을 알아야 한다. 인생은 모순투성이다. 의존을 모르면 진정한 자립 또한 알 수 없다. 빈곤을 모르면 진정한 풍요를 알 수 없다. 슬픔을 모르면 진정한 기쁨을 느낄 수 없다. 아픔을 모르면 진정한 쾌감을 얻을 수 없다. 제약을 모르면 진정한 자유를 알 수 없다. 이런 모순 속에서 자신을 발견하는 모험을 할 때 비로소 힘을 얻을 수 있다. 모순에서 도망치기만 한다면 언젠가 돈을 손에 가득 쥐더라도 아무런 매력도 정신도 깃들지 않을 것이다.

지금 당신은 스물한 살이다. 나는 인생에 7년마다 바뀌는 주기가 있다고 본다. 22~28세까지는 '케어기버 시기',

그리고 29~35세까지는 '탐구하는 시기'다. 일반적으로 28세까지는 상사나 고객과 부딪쳐보며 경험을 쌓고, 29세부터는 그로부터 얻은 분노와 배움을 토대로 자기 자신을 탐구한다.

당신은 경험하는 시기를 건너뛴 채 인생을 탐구하려 하고 있다. 그것도 나름대로 멋진 일이다. 그정도의 희망이나 의욕조차 없는 사람도 많으니 말이다. 그러므로 당신이 공부를 통해 성공한다면 우선 좋은 일이다. 성공한 후에 인간적으로 성장하는 방법도 있으니까. 하지만 그렇게 성공하면 돈 때문에 여러 가지 갈등을 겪게 될 것이 분명하다. 그때 도망치지 않고 책임을 다한다면 당신도 늠름해질 수 있다.

하지만 그럼에도 내 마음에 걸리는 것은 당신이 '지금은 아르바이트를 하고 있지만'이라고 거듭해서 말하고 있다는 점이다. 혹시 스스로를 '일개 아르바이트생'이라고 생각하고 있는 것은 아닌가?

세상에는 수입이 없는 무명 배우들이 많다. 하지만 그

들은 결코 자신을 '백수', '일개 아르바이트생'이라고 칭하지 않는다. 무명 모델들도, 아직 매출이 없는 사장들도 자신을 그렇게 부르지 않는다. 매출이 전혀 없어도 명함을 내밀며 자신을 사장이라고 칭한다. 즉, 그들은 자신의 리스크를 안고 살아가고 있다.

마찬가지로 당신은 '일개 아르바이트생'이나 '백수'가 아니다. 기업가가 되고자 하는 각오가 확실하다면 당신은 이미 기업가다. 그 열의를 불태워라!

아이디어가 떠오르지 않아요

저는 늘 업무에 긍정적인 태도를 가지고 최선을 다했습니다. 하지만 예전부터 직접 사업을 해 보고 싶다는 꿈을 갖고 있습니다. 창업에 대한 책도 읽고 사업 기회도 찾아보려 했지만, 아직까지 직장인에서 벗어나지 못하고 있습니다. 내심 창업이 두려운 모양입니다. 자금도 없고, 이렇다 할 사업 아이디어도 없는 제가 어떻게 창업을 해야 할까요?

비즈니스 아이디어가 한순간에 번뜩 떠오를 거라고 생각하고 있나? 안타깝게도 그것은 환상일 뿐이다. 달걀에서 병아리가 부화하는 데 21일이 걸리고, 인간이 태어나기까지 40주가 걸리듯이 아이디어가 떠오르는 데에도 어느 정도의 시간이 필요하다. 보통 '창업해 볼까?'라고 생각한 순간부터 실제로 창업하기까지는 2년 정도가 걸린다. 그리고 비즈니스 아이디어는 그 2년의 초반보다는 후반에 잘 떠오른다. 그러므로 막연하게 창업해 볼까 생각만 하고 있는데 갑자기 엄청난 아이디어가 번뜩인다는 것은, 우연히 들른 복권 매장에서 10억 원짜리 복권에 당첨된 것과 같다. 운에 불과하다는 뜻이다. 진짜 아이디어는 창업 준비가 완료되었을 때라야 얻을 수 있다. 신은 아무에게나 아이디어를 주지 않는다.

하지만 창업 아이디어가 떠오르지 않으면 불안해지는 것이 당연하다. 그래서 간단한 발상법을 전수하고자 한다. 만약 누군가 나를 '10일 안에 비즈니스 아이디어를 찾아내지 못하면 죽이겠다!'라는 말로 협박한다면 이 테크닉을 사용할 것이다.

비즈니스 아이디어란 논리보다 직감이 먼저다. 그런데 많은 사람이 논리적으로 시장을 분석하고 아이디어를 찾아내려고 한다. 그것은 근본적으로 무리다. 상세하게 시장을 분석할수록 좌뇌가 작동하여 직감을 감지하는 우뇌를 닫아버리기 때문이다. 그러므로 아이디어를 떠올리고 싶다면 좌뇌를 닫아야 한다. 그리고 직감을 얻은 후 현금을 창출할 수 있는 구조를 검증한다.

좌뇌를 닫고 우뇌로 직감을 감지하는 방법은 무엇일까? 강력한 방법 중 하나가 '꿈 일기'다. 먼저 A4 크기의 공책을 준비한다. 공책을 펼치고 왼쪽 페이지 상단에 다음과 같이 적는다.

'내 재능을 최대한 활용할 수 있는 비즈니스는 뭘까?'

이 공책을 머리맡에 두고 잠들기 전에 마음속으로 다음과 같이 중얼거려본다.

"나는 나에게 주어진 재능을 살려 나와 우리 가족, 그리고 사회를 위한 훌륭한 비즈니스를 할 수 있습니다. 그 이상적인 비즈니스는 꿈을 통해 나에게 나타날 것입니다."

아침에 깨어나면 그날 꾼 꿈의 내용을 공책의 왼쪽 페

이지에 기록한다. 처음에는 꿈을 금방 잊어버리기 때문에 기록하기 쉽지 않겠지만 단편적으로 떠올리기 시작하면 점차 꿈 전체가 줄줄이 떠오를 것이다.

다음은 그 꿈을 해석하는 작업이다. 시간이 있을 때 커피라도 마시면서 편안한 마음으로 꿈을 해석해 본다.

'저번에 꾼 꿈은 어떤 비즈니스를 의미하는 걸까?'

이렇게 자신에게 물어보고 떠오른 말을 공책의 오른쪽 페이지에 가능한 한 많이 써넣는다. 이때는 머리로 생각할 것이 아니라 손이 움직이는 대로 적는 것이 포인트다.

예컨대 자동차가 꿈에 나왔다고 해서 자동차 산업을 하라는 뜻이 아니다. 그것은 어디까지나 상징일 뿐이므로 자동차에서 연상되는 것을 표현하면 된다. 예를 들면 '스피드', '편리함' 등을 써나가는 것이다. UFO가 꿈에 나왔다면 그것을 상징으로 보고 '미지의 세계', '안정비행', '우주' 같은 단어를 써넣는다. 그리고 그 단어들을 앞에 두고 이것이 구체적으로 어떤 비즈니스가 될 수 있을지 생각한다.

꿈 일기에 익숙해시년 이 작업만으로도 비즈니스 모델

에 대한 충분한 정보를 얻을 수 있다. 처음에는 '어떻게 이 이미지가 비즈니스가 된다는 거지?' 하고 당황스러울 것이다. 그러므로 꿈 해석을 목적으로 할 것이 아니라 직감의 원천인 이미지에 집중하면서 발상을 넓혀가는 것을 목적으로 삼아야 한다.

가령 전철을 타고 이동하는데 문득 꿈에서 본 것과 이미지가 비슷한 광고를 보았다. 그럼 '저게 내 비즈니스와 관계가 있단 말인가? 어떤 접점이 있지?'라고 자문해 보기만 해도 우뇌는 그와 관련된 현실적인 일을 당신 눈앞에 등장시킨다.

간단한 놀이라고 생각하고 가볍게 시도해 보자. 그러면 밤에 잠드는 것이 최고의 지적 활동으로 탈바꿈할 것이다. 지금은 놀이라고 표현했지만, 당신이 진짜 창업한 후 꿈 일기에 그렸던 것을 살펴본다면 그 연관성에 깜짝 놀라게 될 것이다.

처음 보는 사람과
대화하는 게 어려워요

Q ———————————————————

저는 출판사에서 영업 일을 하고 있습니다. 우리 부서는 방문판매를 주로 하는데 저는 '첫대면 공포증'이 있어서 항상 두근두근 떨리는 가슴을 안고 초인종을 누릅니다. 그런 저의 심리 상태를 상대방도 꿰뚫고 있는 걸까요? 어떻게 된 게 보자마자 '훠이훠이' 귀찮은 참새를 쫓듯 저를 밀어냅니다. 어떻게든 마주 앉아 세일즈 토크라도 해 볼 방법이 없을까요?

영업, 까짓것 땡땡이쳐버리면 어떨까? 방문판매의 테크닉에는 여러 가지가 있다. 계약한 회사 주변 빌딩을 이쪽 끝에서부터 저쪽 끝까지 방문한다거나, 얼굴에 철판을 깔고 사장에게 직접 명함을 건네러 간다거나, 상대방을 위협한다거나, 물고 늘어지는 심리전을 구사한다거나……. 사람들이 싫어하든 말든 판매 테크닉이야 많다. 그런데 아마 당신은 강매 같은 것은 하기 싫을 것이다. 강매처럼 질 나쁜 영업도 없다. 벌레 취급을 받는다. 젊은 영업사원이 굳이 그런 가시밭길을 걸을 필요가 있을까?

그러니 무리할 필요 없다. 과감하게 땡땡이를 치자! '첫 대면 공포증'이라면 방문해서 명함만 살짝 놓고 오면 그만이다. 그리고 남들이 당신의 행동을 싫어할 것 같아 무섭다면 상대방이 좋아할 일만 하면 된다. 가령 '귀사에 도움이 될 정보를 무료로 제공하겠습니다. 괜찮으시다면 회사 안내서를 받아갈 수 있을까요?'라고 말하고 회사 안내서를 받아 나온다. 이 정도는 당신도 할 수 있을 것이다.

땡땡이를 치는 것이니 시간은 얼마든지 있다. 그러므로 내친김에 방문한 회사의 특징을 메모해서 돌아온다. 우편

함은 가득 차 있는지, 안내 데스크의 대응은 어떤지, 실내에선 신발을 갈아신는 회사인지, 사무실은 깨끗하게 정리되어 있었는지, 쓰레기통이 파지로 가득하지는 않은지 등. 월급은 월급대로 받으면서 여러 회사의 안내서를 한 장 한 장 모으고 그 주변을 견학해 둔다.

이런 행동이 쓸데없는 작업 같아 보이겠지만 사실 그 값어치가 엄청나다. 만일 당신이 더 이상 방문판매를 계속할 수 없다고 판단해 창업이나 이직을 결심했다고 치자. 그러면 발품을 팔아 수집한 정보가 돈이 된다.

예전에 차로 지하철 순환노선을 따라 이동하면서 그 주변 풍경을 촬영했는데 그 영상이 매장 후보지를 찾는 이들에게 비싼 가격에 팔린 적이 있다. 요즘 사람들은 돌아다니는 것을 귀찮아하기 때문에 직접 수집한 정보를 분석해서 보고서 형식으로 작성해 내놓는다면 비싼 정보가 될 것이다. 예컨대 회사 안내서를 배포하고 있는 회사의 리스트는 인쇄업자에게 귀한 영업 정보가 된다. 또 바쁘지도 않은데 돈을 잘 버는 회사, 여성 임원이 많은 회사 리스트는 이직 정보로 큰 가치가 있다. 블로그에 올려놓다면 방문자 수가 어마어마해질 것이다!

현장을 직접 찾아다녀야만 얻을 수 있는 비즈니스 힌트도 많다. 예를 들어 한 택배회사 배달기사는 택배를 배달하면서 자신이 취급하는 물건을 주의 깊게 관찰한 결과, 모 화장품 회사의 배송량이 꾸준히 증가하고 있다는 사실을 알아냈다. 물품의 구입대금 결제액이 클 뿐만 아니라 배달량과 시기 또한 일정한 것으로 보아 재구매 비율이 꽤 좋은 것으로 판단되었다. 택배기사는 '이거 참 괜찮은 장사다!'라고 생각해 그 회장품 회사의 대리점을 냈다. 예상대로 그의 사업은 급성장했고, 그는 지금 화장품회사의 지사장이 되었다.

내가 하고 싶은 말은, 하기 싫은 일이라도 나중에 큰일을 하기 위한 과정이라고 생각하고 해내면 아주 멋진 기회가 될 거라는 것이다. 하기 싫은 일을 즐거운 일로 바꾸면 운명의 문은 활짝 열리게 되어 있다.

'땡땡이를 치라니, 그러면 안 되는 거 아닌가?'라고 생각할지도 모른다. 걱정할 것 없다. 왜냐하면 즐거운 마음으로 일하면 실적도 올라가기 때문이다.

명함을 건네고 그 회사에 도움이 될 정보를 언젠가 제공하고 싶다고 말하며 꾸준히 일하다 보면 어느 날 방문한 회사의 사장이 '자네 회사에서는 뭘 파는가?'라고 물어올 것이다. 그때는 판매에 대한 이야기는 일절 하지 말고 그저 사장과의 대화를 즐기도록 하자. 사업 아이템은 어떻게 발견했는지, 몇 가지 사업을 경험했는지, 창업하기로 결심한 순간부터 실제로 창업하기까지 시간이 얼마나 걸렸는지, 위기의 순간을 어떻게 극복했는지 등을 물어보면 사장은 기꺼이 대답해 줄 것이다. 그 결과, 당신을 신뢰하게 되고 결국, 당신의 상품을 사게 될 것이다. 아무리 대화해도 도무지 물건을 살 것 같지 않으면 사장에게 직접 물어보라, '어떻게 하면 물건을 잘 팔 수 있을까요?'라고. 그러면 그 사장은 당신의 질문에 틀림없이 답할 것이다.

'하기 싫은 일'은 일절 하지 않겠다고 결심하면 '즐거운 일'을 할 수 있다. 그리고 하기 싫은 일을 하기 위해 소비했던 에너지는 '즐거운 일'을 하기 위해 되돌아온다. 그러므로 긍정적인 마음으로 땡땡이칠 것을 권한다.

상장을 해야 할지 말아야 할지
고민이에요

Q ────────────────────

저는 3년쯤 뒤에 창업해 사업가로서 성공하는 것을 목표로
삼고 있는데, 고민이 한 가지 있습니다. 주식 상장을 목표로
하는 벤처기업을 세울 것인가, 아니면 주식 상장은 하지 않
고 연간 총매출 수백억 원 규모의 사업을 할 것인가 하는 고
민입니다. '이왕이면 주식 상장'이라고 생각했는데 요즘은
조금 망설여집니다. 어디에 목적을 두고 출발하느냐에 따라
사업 내용이 달라진다고 생각합니다. 간다 씨라면 어떻게
하시겠습니까?

사회적으로는 상장기업이 더 낫다. 상장해서 수백억 원 단위의 자금이 들어오면 그간 손대지 못했던 사업도 추진할 수 있게 되고, 신용이 생겨서 입주할 수 있는 빌딩은 물론이고 거래처, 인맥의 수준도 완전히 달라진다.

하지만 상장기업의 경영자를 쉽게 봐서는 안 된다. '이왕이면 주식 상장'이 '개인 자산을 늘리고 싶으니 상장하자!'라는 취지로 하는 말이라면, 상장을 지향하기 전에 현실을 알아두는 것이 좋다.

당연한 이야기지만 상장기업이 된 순간 회사는 경영자의 소유물이 아니라 주주의 것이 된다. 주가를 올리는 것이 우선시되고, 그러기 위해서 현금의 흐름이 끊임없이 증가해야 한다. 주주들의 눈이 있기 때문에 임원들의 보수를 함부로 올려줄 수도 없다. 자사 주식으로 자산을 수백억 가지고 있어도 팔면 주가가 떨어지기 때문에 매각할 수도 없다. 자사 홍보를 위해 회사의 얼굴이 되어 방송에라도 나가게 되면 평생 프라이버시를 포기해야 한다. 매스컴은 처음에는 사람을 치켜세워 주지만, 조금이라도 실적이 떨어지면 몰아붙이기 바쁘다.

자산가가 되면 행복해질 수 있을까? 딱히 그렇지도 않다. 돈 때문에 불행해지는 경우도 많다. 만약 자산가가 된 당신이 가정을 이루고 아이를 낳았는데 집안 사정이 여유롭다고 해서 그 애를 오냐오냐하면 아이는 의존적으로 자라게 된다. 집이 좁으면 식구들이 한곳에 모여 함께 생활하면서 자연히 하나가 될 수 있는데, 호화로운 저택에 살면 가족이라도 얼굴을 마주하기 위해 부단히 노력해야 한다.

또한 창업자 이익으로 자산을 구축하면 상속세 문제가 발생한다. 어느 상장기업의 사장은 한숨을 쉬며 이렇게 말했다.

"지금 내가 쓰러지면 상속세를 납부할 수 없어서 가족들이 거리로 나앉고 맙니다. '당신처럼 계획성 있는 사람이 그럴 리가 있나요. 무슨 대책을 생각해 뒀겠지요'라는 소리를 듣고 철저하게 세금 제도를 알아봤지만, 뾰족한 방법이 없더군요."

주식 상장은 방대한 자산을 얻을 수 있다는 좋은 점만 부각되지만, 현실적으로는 경영자의 대단한 각오가 필요하다. 특히 요즘 젊은이들은 경영자가 되면 고급 아파트에 살면서 외제 차를 타고 다니고, 언제든지 잘난 사람을 애인으로 삼을 수 있을 거라고 생각한다. 물론 일부는 그렇지만, 그것은 무거운 사회적 책임을 짊어진 것에 대한 포상일 뿐이다.

그에 비하면 중소기업의 사장은 편한 편이다. 매출은 20억 원 정도고, 사원이 열 명 정도 되는 회사의 경영자는 솔직히 노는 것이 일이다. 자유롭게 출근하고, 휴일에는 골프를 치러 다니고, 자녀에게 회사를 물려줄 수도 있다. 스캔들 때문에 전국민에게 욕을 먹을 위험도 없다.

물론 적자 회사의 사장은 비참하다. 자금 융통에 쫓기기 시작하면 살아도 살아 있는 것 같지 않다. 하지만 벌이가 좋은 중소기업의 경영자는 지역 경제에도 공헌할 수 있어 존경받는 꽤 괜찮은 인생이다.

다만 이런 중소기업만 있다면 국가 경제는 침몰하고 만다. 반대로 모두가 상장한다면 지역의 작은 가게들은 어떻게 되겠는가? 불안하다. 프랜차이즈 간판이 걸린 가게들뿐이라면 우리 사회는 메말라 버리고 말 것이다. 그러므로 어느 쪽이 좋고 어느 쪽이 나쁜지 가를 것이 아니라 당신이 어떤 각오를 갖느냐의 문제다.

당신이 상장할 것인가 말 것인가로 고민하는 것은 어느 쪽이 더 이득일까를 생각해서인 것 같다. 그렇다면 상장기업은 그만두는 것이 좋다. 자신만 행복해지면 된다고 생각하는 사람은 상장기업의 경영자가 될 수 없다. 상장기업의 경영자에게는 자신의 목숨까지 사회를 위해 내던질 수 있는 기백이 필요하다.

물론 대부분의 상장기업 경영자들도 상장 전까지는 사회 공헌에 대해 그렇게까지 심각하게 생각하지 않았을 것이다. 불과 얼마 전까지만 해도 상장기업은 주식평가액이 낮아진다는 점을 이용해 상속세를 절세의 도구로 사용하는 기업도 많았기 때문이다.

하지만 우리는 라이브도어 쇼크―2006년 1월 16일, 증권거래법 위반 혐의로 도쿄지검 특수부가 라이브도어 본사 등을 강제수사했는데, 이를 계기로 다음 날부터 시작된 주식시장의 폭락을 말한다(옮긴이 주)―니 무라카미 펀드 사건―일본 증시에서 신의 손이라 불리던 전직 통상산업성 관료 무라카미 요시아키가 내부 거래로 체포된 사건(옮긴이 주)—이니 하는 큰 사건들을 경험했다. 그것으로 경영자에게 윤리관이 얼마나 중요한지를 배웠을 것이다. 그렇기 때문에 앞으로는 흔들리지 않을 줏대를 가지고 주식 상장에 임하는 경영자가 나왔으면 하는 바람이다.

젊은 경영자가 자산이나 명성을 위해서가 아니라 사회 공헌을 위해 일하겠다는 각오로 상장한다면, 10년 후에는 세계적으로 자랑할 만한 비즈니스 우등생이 되어 있을 것이라고 장담한다.

외국어 콤플렉스가 있어요

Q _____

영어에 심한 콤플렉스를 가지고 있습니다. 그런데 서른다섯

살이나 된 지금 문법부터 시작하기는 싫습니다. 솔직히 영

어를 잘하고 싶다는 마음보다는 잘하는 것처럼 보이고 싶다

는 마음이 더 큽니다. 영어를 잘하지 못해도 묘하게 커뮤니

케이션을 잘하는 사람이 있습니다. 어떻게 하면 원어민의

마음을 잘 파악할 수 있을까요? 만일 그런 방법이 있다면

가르쳐주세요.

_____

영어를 잘하는 것처럼 들리게 하는 마법 같은 공부법이 있다. 왜 학교에서 이런 걸 가르치지 않는지 의아할 정도다. 바로 '관심사 통암기'라는 방법으로, 자신이 관심을 갖고 있는 것에 대해 영어로 강연을 해 보는 것이다. 영어로 강연을 하라고 하면 아주 어렵게 들리지만, 괜찮다. 먼저 모국어로 60분 정도 강연을 해 본다. 그리고 그것을 영어를 할 줄 아는 사람에게 번역해달라고 해 영어로 녹음해서 몇 번이고 들으면서 암기한다. 암기할 때는 마치 연극을 하듯 원어민의 억양과 발음을 흉내 낸다. 이렇게 하면 영어를 상당히 잘하는 것처럼 들린다.

이 방법이 좋은 이유는 다음과 같다.

① 외국인을 상대할 때 화제는 어느 정도 정해져 있다. 특히 업무상 만나는 외국인과의 대화에서는 자기소개, 혹은 회사와 상품 설명이 대화의 80퍼센트를 차지한다. 정치, 경제, 종교를 비롯한 광범위한 화제로 발전하는 경우는 드물다.

② 대화의 80퍼센트를 차지하는 내용을 번역하더라도 그 분량은 얼마 되지 않을 것이다. 우선은 1/3을 외

우는 것부터 시작하자. 관심 있는 내용이므로 암기가 그다지 어렵지는 않을 것이다.

③ 이렇게 연습하다 보면 실제로 외국인과 대화를 나눌 때 암기한 영어 문장을 활용해서 말하는 경우가 많아진다. 그 장면을 목격한 동료의 눈에는 당신이 영어를 아주 잘하는 것처럼 보일 것이다.

④ 당신은 암기한 내용 외에는 여전히 영어를 못한다고 생각하겠지만, 사실은 갑작스러운 순간에 그간 암기한 문장을 응용해 어떻게든 대처할 수 있게 된다.

실제 사례를 예로 들어 보자. 건강식품회사를 경영하는 사치코는 영어를 공부하기로 결심한 후 자사 상품을 어필하기 위해 40분가량의 강연 내용을 암기했다. 그로부터 몇 개월 후 콜롬비아에서 열린 건강식품회의에 초대되었을 때, 그녀는 과감히 강연자로 참석했다. 준비가 부족해 불안했지만, 강연은 대성공했고 회의장에는 박수갈채가 쏟아졌다. 질의응답 시간에는 본인도 놀랄 정도로 영어가 술술 나왔고, 강연이 끝난 뒤에는 눈앞에 거래 희망자가 줄을 섰다. 그녀는 그들과 악수를 나누며 눈물을

글썽였다. '내가 영어를 이렇게 잘하게 되다니!'

이와 비슷한 학습의 효과를 분쿄가쿠인대학 오시마 기미에 조교수에게서 들었다. 오시마는 만담을 영어로 번역해 해외 공연을 개최하고 있었는데, 당초 만담가들은 영어를 한 마디도 하지 못했다. 그들은 특별히 영어 공부를 하지 않고 단지 만담 내용을 영어로 암기했을 뿐인데 자유롭게 영어를 구사할 수 있게 되었다. 영어 만담「우동」을 공연한 후에는 이탈리안 레스토랑에서 파스타에 대한 농담으로 직원을 웃겼을 정도였다. 그렇게 그들은 통역을 쓰지 않고도 자유롭게 대화를 나눌 수 있게 되었다.

이처럼 특정 화제에 대해 영어로 이야기하는 방법은 의외로 간단하다. 앵무새처럼 같은 말을 반복하기만 하면 된다. 그러니 한 번 외워버리면 끝이다.

이에 비해 일상회화는 문화나 생활습관을 토대로 한 독특한 표현들을 알아야 하기 때문에 상당히 어렵다. 나는 미국의 대학원을 두 군데나 나왔지만 지금도 일상회화는 틀리기 일쑤다. 하지만 외국인과의 비즈니스 인터뷰는 문제없이 해낸다. 영어 인터뷰라고 하면 왠지 어려울 것 같지만, 질문 패턴은 별다를 게 없어 일단 익숙해지면 능숙하게 해낼 수 있다.

학교에서는 영어를 일상회화부터 가르친다. 그래서 우리는 어른이 되어서도 영어를 공부할 때 일상회화부터 시작하려고 한다. 그런데 사실은 비즈니스 영어부터 시작하는 편이 훨씬 쉽다. 일상회화를 잘해서 외국인과 친구가 된 결과 해외 비즈니스를 할 수 있게 되는 것이 아니다. 먼저 비즈니스 영어로 해외 거래가 이뤄지고, 영어로 협의할 기회가 많아진 결과 일상회화를 할 수 있게 되는 것이다. 그리고 비로소 우정도 싹트게 된다. 즉, 일이 우선이고 우정이 나중이다. 이것이 바로 현실이다.

외국어를 공부한다는 것은 다른 사람과 인연을 맺을 의지를 갖는다는 것이다. 다른 사람을 이해할 수 있게 되면 당신의 발상은 몇 배 더 넓어질 것이다. 그렇게 평생에 걸쳐 계속되는 확장은 관심사에 대한 대화를 암기하는 것에서 시작된다.

정년 퇴직 후
어떤 사업을 하면 좋을까요?

Q _____

저는 2년 후면 정년을 맞이합니다. 정년 후에도 연봉을 삭감하고 회사에 남을 수 있지만, 주택융자금과 아이들 학비를 벌어야 하기 때문에 창업을 할까 합니다. 원래도 회사생활이 성격에 맞지 않았지만, 안정된 생활을 버리고 독립할용기가 없었습니다. 어릴 때는 사장이 되어 부자가 되고 싶다고 막연히 생각했는데 어릴 때 좋아했던 것이나 과거에 경험했던 일, 현재 하고 있는 일을 생각해 보아도 무엇을 해야 성공할 수 있을지 모르겠습니다. 관심 있는 프랜차이즈의 자료를 구해 검토하고 있지만, 마음에 드는 것을 찾지 못했습니다. 내가 무엇을 잘하는지도 모르겠습니다. 어떻게 하면 좋을까요?

요약해서 말하자면 당신의 핵심 능력은 나이다. 일반적으로는 나이가 많은 것은 창업에 불리한 조건으로 작용한다. 하지만 지금 시대에는 나이가 많아서 생기는 기회도 있다.

컴퓨터와 인터넷 사용에 능한 이삼십 대와 함께 성숙 단계에 접어든 사업을 해보면 어떨까? 고도 성장기를 이끌어온 세대와 앞으로의 시대를 개척해나갈 신세대가 만나면 아주 재미있는 일이 벌어진다.

예를 들면, 1kaki.com(온라인 굴 판매회사)의 스에오카 히데히로는 34세 때 갑자기 굴 양식장으로 쳐들어가 "인터넷에서 굴을 팔게 해 주십시오. 제가 온라인 판매를 담당하겠습니다. 보수는 판매액의 일부를 지불해 주시면 됩니다"라고 말했다. 양식장 사람들이 그의 열정에 못 이겨

반신반의하면서 일을 맡긴 결과, 다음 시즌부터 양식장 앞에는 출하를 위한 트럭이 꼬리에 꼬리를 물고 줄을 섰다. 결국 3개월에 걸쳐 팔던 상품이 한 달 만에 품절되고 말았다. 근처 양식장에서 굴을 빌려와야 했을 정도였다고 한다.

이 사례가 상징하는 것은 오래된 것과 새로운 것의 만남, 그 자체가 비즈니스 기회라는 것이다. 이삼십 대가 지금부터 기술을 습득하여 굴을 양식한다는 것은 애당초 불가능한 일이다. 그런가 하면 육십 대가 지금부터 공부해서 인터넷으로 전국 판매를 시도하는 것도 힘든 일이다. 하지만 서로 손을 잡는다면 성숙 단계의 산업에 새로운 성장곡선을 그릴 수 있다.

만일 당신이 지금까지 대기업의 한 부서에 매달려 죽어라 일만 하느라 사업에 도움이 될 만한 인맥도 없고 특별한 기술도 없다고 치자. 그래도 당신이 젊은 사람들에게 제공할 수 있는 것의 가치는 크다. 왜냐하면 젊은 세대는 지식은 있지만 비즈니스맨으로서의 경험이 크게 부족하기 때문이다. 종신고용제가 붕괴된 후부터는 경험을 쌓기 어려워졌다. 단순하게 말하면, 피라미드 형태의 조직에서 일했던 경험이 없고, 비즈니스 매너를 따로 배운 적도 없기 때문에 대기업을 상대할 만한 감각을 갖고 있지 못하다. 재미있는 예로, 미디어에서 유명한 창업가의 행동을 보고 별생각 없이 티셔츠 차림으로 중요한 미팅에 나가는 사람이 있을 정도다.

당신은 그들이 자신의 능력을 성숙 단계의 산업에서 발휘할 수 있도록 중개해 주면 된다. 이것은 서로에게 도움이 된다. 젊은 창업가 입장에서는 중견 기업과 거래를 한다는 것 자체가 금융기관에서 신용이 되고, 또 기업 규모가 크기 때문에 한 번 인연을 맺으면 큰 규모의 일을 수주받을 수 있다. 반면 중견 기업은 갈수록 IT에 뛰어난 인재가 필요해지는데 자사에서 따로 인재를 채용하고 교육하지 않아도 된다는 장점이 있다.

비즈니스 아이디어는 껍데기 안에 틀어박혀서는 볼 수 없다. 이질적인 세계와 부딪쳤을 때 비로소 보이는 것이다. 왜냐하면 아이디어란 지금까지 관련 없었던 서로 다른 것들을 결합하는 것이기 때문이다. 그것도 극단적으로 다른 것끼리 결합할 때 대단한 힘을 발휘한다.

중견기업과 젊은 창업가는 극과 극이다. 당신은 그 극단을 이을 수 있을 것이다. 내가 그렇게 확신하는 것은 당신이 예순에 가까운 나이에도 나처럼 한참 젊은 사람의 책을 읽고 자문을 구하고 있기 때문이다. 이는 당신의 사고가 얼마나 유연한지 증명한다.

이왕이면 과감하게 젊은 창업가들의 연구 모임에 참가해 보는 것은 어떨까? 예상외로 환영받을 것이다. 자녀와 비슷한 나이대의 창업가와 만나 술잔을 기울여보길 바란다. 틀림없이 대장이나 큰형님으로 불리게 될 것이다.

당신으로 인해 그들도 배울 수 있다. 이를테면 전쟁, 학생운동, 오일쇼크, 버블경제 등 당신이 경험했던 것은 시대 인식 측면에서 모두 공부가 된다. 그 중요성을 젊은 창업가들이 깨닫기까지는 시간이 걸릴지도 모르지만, 그들이 좀 더 본질적인 것을 일에 활용할 수 있도록 나도 최선을 다해 책을 집필할 테니 당신 또한 최선을 다해 주길 바란다.

젊은 창업가들과의 만남이 시작되면 자녀들과도 어른

으로서 새로운 관계를 시작할 수 있을 것이다. 아버지가 창업하기 위해 애쓰는 모습을 보면 자녀들이 "제가 공부해서 영업을 돕겠습니다"라고 먼저 손을 내밀지도 모른다. 약한 소리 한 번 안 하고 고생해 온 아버지의 약한 면을 보여줌으로써 가족은 한층 더 가까워질 수 있다.

지금까지 가족을 위해 자신의 꿈을 접고 회사에 충실해왔으니 앞으로는 반드시 어린 시절의 꿈을 이루면 좋겠다. 마음 편하게 만나 이야기할 수 있는 유연성 있는 당신 세대를 모두가 기다리고 있다!

한량 남편을 어쩌면 좋을까요?

Q────────────────────

프랑스인 남편, 생후 18개월 된 딸과 함께 도쿄에서 프랑스로 이주했습니다. 저는 어학 능력을 살려 언젠가 프랑스와 일본을 잇는 비즈니스를 하고 싶습니다. 현재는 그 꿈을 위해 시행착오를 거치면서 천천히 기반을 구축하고 있습니다. 남편은 이곳으로 돌아온 후부터 일을 찾고 있는데, 줄곧 면접에서 떨어지기만 합니다. 각오는 하고 있었지만, 아이도 있는데 무직인 상태입니다. 남편은 프랑스인이어서 그런지 힝싱 느긋하고 그나시 닐성석이지 못합니다. 남편을 어떻게 도와야 할까요? 지금 제가 해야 할 일은 무엇일까요?

화가 났을 때 하는 언어 게임이 있는데 당신도 꼭 해 보길 바란다. 중요한 것은 당신의 분노가 진실인가, 아닌가 하는 것이다. 상담 내용으로 보아 당신이 고민하는 것을 요약하면 다음과 같다.

- 남편은 프랑스의 국민성 때문인지 열정적이지 못하다.
  → 남편은 좀 더 열정을 가져야 한다.
- 남편은 취직을 해야 한다.

당신은 이 문장이 진실이라고 생각하는지 묻고 싶다. 나는 아무래도 진실이라는 생각이 들지 않는다. 당신은 '프랑스인은 열정적이지 않다'는 인상을 받은 것 같은데, 나는 전혀 반대라고 생각한다. 내가 아는 프랑스인은 아침부터 밤까지 놀고 마셔도 전혀 피곤한 기색이 없다. 그 말은 곧 앞의 두 문장에는 '진실이 아닌 것'이 포함되어 있다고 생각한다는 말이다. '진실이 아니다=착각=망상'. 즉, 당신의 분노가 실제로는 망상일 가능성도 있다는 이야기다.

사실 대부분의 분노는 자신이 만들어낸 망상, 허상으로 인해 일어난다. 그리고 그 허상에는 바로 자기 자신이 비친다. 자기 자신이 상대방에게 투영되어 보이는 것이다.

이제 허상 뒤에 감춰진 진실을 밝혀보자. 허상은 거울의 이미지이기 때문에 거꾸로 비친다. 그러므로 실상을 분명히 하기 위해서는 문장을 반전시키면 된다. 앞의 두 문장을 반전하면 아래와 같은 네 문장이 된다.

① 남편은 좀 더 열정적이지 않아도 된다.

② 나는 좀 더 열정적이어야 한다.

③ 남편은 취직을 하지 않아도 된다.

④ 나는 취직을 해야 한다.

다음으로 할 작업은 반전시킨 네 문장 중에서 당신을 놀라게 한 문상에 대해 생각해 보는 것이다. 아마도 그것이 진실일 것이다. 예를 들어, 당신이 '남편은 취직을 하지 않아도 된다'라는 ③번 문장을 보고 흠칫 놀랐다면 '남편은 취직을 하지 않아도 된다'가 진실이다. 이처럼 시점을 바꿔 보면 당신 남편의 생각을 알 수 있다.

"일본 사람들은 왜 아기가 막 태어난, 인생에서 가장 귀중한 때에 나를 아기에게서 떼어놓으려고 하는 거지? 나는 일을 하는 대신 아기 양육에 최선을 다하고 싶은데 말이야."

이처럼 '열정적이지 않은' 남편이기에 말로 표현하지 못하는 분노를 가슴속에 숨기고 있는지도 모를 일이다.

다음으로 ②번 문장에 흠칫 놀랐다면 앞으로 당신이 해야 할 일을 알 수 있다. 상담 내용 중 당신은 '언젠가 프랑스와 일본을 잇는 비즈니스를 하고 싶다'는 포부를 밝혔다. 나는 '언젠가'가 아니라 '지금' 당신이 그 일을 해 주었으면 하는 바람이다.

저출산 문제를 슬기롭게 해결하고 있는 프랑스에서의 육아는 아주 귀중한 경험이 될 것이다. 당신의 그런 경험을 글로 써 일본의 신문이나 잡지에 투고하면 어떨까? 일본의 저출산 문제는 지금 심각하다. 그러니 '언젠가'가 아니라 '지금' 착수하는 것이 의미 있을 것이다.

이처럼 사고가 허상에 지배당하는 때가 있다. 이 허상에 의해 분노가 생기고 대립이 발생한다. 상대방의 존재가 아니라 자신의 사고가 대립을 일으킨다. 이것은 부부 사이에도 일어나고, 동료 사이에도 일어나고, 넓게는 국가 간에도 일어난다. 그러므로 자신의 사고가 진실인지를 점검하는 작업은 매우 중요하다.

착각의 늪에 빠져서는 안 된다. 당신을 위해서 그리고 당신의 배우자를 위해서 필요한 것은 '무엇이 진실인가'를 항상 점검하는 것이다. 진실은 항상 너그럽다.

8

제 꿈에 대해 부정적인 말만 하는 여자친구와 헤어져야 할까요?

Q

여자친구가 제 행동에 대해 늘 비관적으로 말합니다. 창업하고 싶다고 말하자마자 "바보 같은 소리 하지 마!"라거나 "어차피 안 될 건데 뭐"라는 식의 부정적인 말로 어떻게든 창업의 뜻을 포기시키려고 합니다. 그녀는 제가 안정적인 직업을 갖기를 바라고 있는 것 같습니다. 하지만 저는 창업을 해서 저 자신을 시험해 보고 싶습니다. 이렇게 제 행동에 찬물을 끼얹는 사람과는 헤어지는 것이 좋을까요?

아무래도 헤어지는 것이 좋겠다. 이유는 당신의 행동에 찬물을 끼얹는 사람이라서가 아니다. 당신이 정말로 경영자가 되기를 바란다면 배우자는 쓴 말을 해 주는 사람일수록 좋다. 사업이 잘되면 온갖 예스맨과 아첨꾼들이 모여들어 달콤한 말을 해댈 것이다. 그러니 당신의 여자친구가 창업할 생각을 단념시키려고 성심성의껏 의견을 제시한다면, 그것은 고마운 충고로 받아들여야 할 일이지 헤어질 이유가 아니다.

그럼에도 불구하고 내가 헤어지는 것이 좋겠다고 말한 이유는 그녀의 태도 때문이다. 누군가 인생의 기로에 서서 진지하게 고민하고 있을 때 보통의 애인이라면, '바보 같은 소리 하지 마!'라거나 '어차피 안될 건데 뭐'라는 식의 말은 하지 않을 것이다. 당신의 심리적 갈등을 헤아리고 눈을 깊이 응시하면서 말을 신중하게 고를 것이다.

언어 사용이 경박한 사람은 생각도 얕은 경우가 많다. 그런 사람은 당신의 창업이 잘되기 시작한 순간 태도를 바꿔 자기 몫을 챙기려고 할 것이다. 그녀의 영향을 받아 당신도 고객에 대한 성실성을 상실하게 될 것이다. 그런 사업이 계속 성장할 리 없다.

경영자가 배우자를 선택할 때는 외모가 아닌 인간으로서의 본질을 보아야 한다. 경영자의 품격은 배우자의 품격으로 결정된다. 이런 의미에서 솔직히 지금 당신의 여자친구는 실격이다.

청순한 외모를 가졌는데 입이 거친 사람이 있다. 그런 사람일수록 좋아하는 사람들 앞에서는 더욱 내숭을 떤다. 외모만 일류고 알맹이는 이류, 삼류인 사람은 아무리 예쁘고 귀엽고 잘생겨도 경영자의 배우자로는 불합격이다.

나는 지금까지 만 명이 넘는 비즈니스 관계자들을 만나 왔는데, 훌륭한 경영자의 뒤에는 반드시 훌륭한 배우자나 애인이 있었다. 특히 남성 경영자는 애인 혹은 아내의 손바닥 안에 있다. 여성의 그릇이 작으면 남성은 대체로 그 이상의 인물이 될 수 없다. 사치가 심하고 보이는 이미지에만 신경 쓰는 사람과 사귀면 경영의 목적도 돈벌이가 된다. 안정 지향적인 사람과 사귀면 경영도 도전 없이 안정만을 지향하게 된다. 의존적인 사람과 사귀면 그 연장선상에서 사원들을 과도하게 관리하게 된다. 이처럼 결과

물은 제각각이지만 여성이 남성 경영자에게 미치는 영향은 말할 수 없이 크다. 그러므로 배우자의 선택은 무엇보다 중요하다.

상담의 취지와는 약간 다른 문제지만, 경영자의 배우자 선택에 있어 특히 중요한 것은 금전 감각이 아닐까. 경영자에게는 사회적인 책임이 있다. 그리고 사원을 채용한 이상 그 사원의 인생과 그 가족에게도 큰 영향력을 갖는다. 만약 경영자의 배우자가 벌어들인 돈을 자신을 꾸미는 데 물 쓰듯 쓰는 금전 감각을 가졌다면 어떻게 될까? 그 가치관이 사내에 퍼져 모두가 사치스러워질 것이 뻔하다. 어느 순간 사원들도 모두 비싼 승용차를 타고 다니지 않을까?

경영자가 돈 때문에 힘겨워할 때, 배우자는 재산에 집착하지 않고 '돈 같은 건 아무래도 좋다'며 따뜻하게 감싸 주어야 한다. 의지할 수 있는 배우자를 두었을 때 경영자는 마음껏 사회를 위해 일할 수 있게 된다.

채소가게에서 출발하여 국제적인 체인스토어 '야오항'

을 일궈낸 와다 가즈오가 눈물을 글썽이며 나에게 한 말이 있다. 1997년, 야오항이 도산했을 때의 이야기다. 연간 매출 4조 5천억 원 규모의 그룹을 운영하던 사람이 빈털터리가 되었을 때 그의 부인은 이렇게 말했다.

"나는 다시 채소가게 주인의 아내가 된 거예요. 그러니까 우리 둘이 예전처럼 채소가게를 하면 돼요."

알겠는가? 경영자의 가족에게는 위기에 봉착했을 때 냉정하게 대응할 수 있는 도량이 필요하다. 그리고 잘못을 범했을 때 인간의 도리를 끝까지 지킬 수 있는가, 상대방에게 변함없이 성실할 수 있는가, 이런 것이 경영자로서 책임을 다하기 위한 에너지의 원천이 된다.

어쨌든 품위 있는 사람을 선택하라. 그러면 당신의 사업도 반드시 품위를 갖추게 될 것이 될 것이다.

9

업무와 개인의 윤리가 부딪쳐요

Q _____

저는 업무에 관한 사고방식 때문에 고민하고 있습니다. 바람직한 사람은 다른 사람을 조종하려고 들지 않는다고 생각합니다. 때문에 상품을 팔 때도 그런 테크닉을 사용하는 것은 좋지 않다고 봅니다. 저는 요즘 고객을 모으기 위한 DM을 만들고 있습니다. 고객이 깜짝 놀랄 만한 카피를 생각하면서도 정말 이렇게 해도 될까 망설이게 됩니다. '이것'과 '그것'은 공존할 수 있을까? 아니면 내 생각이 뭔가에 사로잡힌 것일까? 논을 버는 것이 나쁘다고 생각하지는 않습니다만, 성공한 사람은 성공하기 좋은 사고방식을 가진 사람일까요? 그렇다면 저는 성공할 수 없는 걸까요?

비즈니스 윤리관과 관계있는 아주 중요한 질문이므로 일단 맥주잔을 내려놓고 진지하게 대답하겠다. 결론부터 말하자면, 심리 조작 테크닉으로 사람을 조종해 돈을 버는 것은 잘못이다. 물론 소비자의 심리를 조작할 수는 있다. 하지만 그것은 머지않아 들통날 것이다. 신뢰를 배신하는 심리 조작은 장기적으로는 통하지 않는다.

심리 조작 테크닉으로 상품을 구매하게 하면, 고객은 자신이 조종당했다는 사실을 깨달은 순간 크게 분노해 공격적인 민원을 넣을 것이다. 그 공격은 매상의 몇 배나 되는 비용이 되어 되돌아온다. 그러므로 원칙대로라면 "고객의 심리를 자사의 이익을 위해 조작한 회사는 오래가지 못한다!"……라고 단언하고 싶다. 하지만 안타깝게도 현실은 그렇지 않다.

심리 조작 테크닉을 사용해서 고객을 희생양으로 삼아

큰돈을 번 회사도 있다. 고객이 심리 조작에서 깨어나기 전에 팔고 도망치면 되기 때문이다. 도망치지는 않더라도 계약취소 보증제도 범위를 벗어난 환급 및 반품은 의무가 아니기 때문에 소비자의 대출 한도 내에서 대출을 받게 하여 판매하면 된다. 그 결과, 법률의 범위 내에서 이익을 올리고 계속 성장하는 회사가 존재할 수 있는 것이다.

솔직히 역겨운 일이 아닐 수 없다. 하지만 돈은 번다. 사업의 성장 정도는 경영자의 윤리관이나 사명감과는 관계없이, 돈 버는 구조를 구축할 수 있느냐 없느냐에 달렸다. 때문에 현재 유행하는 비즈니스, 매스컴에서 치켜세우는 비즈니스 중에는 몇 년 후에 되돌아볼 때 '어떻게 이런 말도 안 되는 사업이 성공할 수 있었을까?'라고 의구심을 품게 될 만한 것도 수없이 많다.

이처럼 심리 조작이나 구조 구축만으로도 돈을 벌 수 있기에 오히려 경영자의 인생은 어렵다. 공을 세우고자 한 일인데 죄를 짓게 되는 경우도 생기기 때문이다.

지극히 당연한 일이기 때문에 아무도 말하지 않지만,

경영자로서 결코 잊어서는 안 될 것이 있다.

- 돈을 잘 버는 비즈니스 중에도 윤리적으로 좋은 것과 나쁜 것
  이 있다.
- 돈을 잘 버는 경영자 중에도 윤리적으로 좋은 사람과 나쁜 사
  람이 있다.

'돈을 잘 벌기 때문에 우량 회사', '돈을 잘 벌기 때문에
우수한 경영자'라고 단순하게 해석해서는 안 된다. 돈을
얼마나 버느냐라는 기준만으로는 회사를 평가할 수 없다.
상황을 더욱 복잡하게 하는 것은, 당신이 그 일에 윤리적
으로 문제가 있다고 생각하더라도 회사와 경영자는 자신
이 윤리적으로 옳고 사회에 공헌하고 있다고 믿고 있다
는 점이다.

얼마 전 보이스피싱 사건으로 고등학생들이 체포된 적
이 있다. 그들은 이런 이유를 대고 있었다. "노인들이 돈
을 장롱에 처박아두니 일본 경제가 불황인 것이다. 그래
서 우리가 그 돈을 대신 써 줬을 뿐이다"라고. 죄를 저지

른 학생들은 주위에서 뭐라고 하든지 자신들은 좋은 일을 했다고 믿고 있다.

이 사건을 극단적인 예라고 웃어넘겨서는 안 된다. 세상을 위한 일이라고 믿고 행하지만, 죄가 될 수도 있다. 사명감에 불타 선행이라고 착각할수록 자신도 모르는 사이에 범죄자가 되어 버릴 위험이 있다.

사명감을 갖는 것은 일종의 자기최면이다. 그러므로 강력한 추진 에너지를 얻을 수는 있지만, 그 에너지가 언제 잘못된 방향으로 향하게 될지 모른다. 그러므로 경영자는 항상 의구심을 가지고 자신이 가는 방향을 확인해야만 한다.

'나같이 좋은 사람이 범죄자가 될 리 없다.'

정말 그럴까? 예컨대 마츠시타 고노스케松下幸之助가 모든 면에서 좋은 경영자라고 단언할 수 있을까? 물론 그가 높은 정신력으로 공적을 남긴 것은 의심할 여지 없는 사실이다. 하지만 그의 회사가 판매한 냉장고나 에어컨에 사용된 프레온 가스 때문에 지구 환경이 오염된 것은 사실이고, 앞으로 100년 후에 그는 지구를 파괴한 장본인으로 지목될 수도 있다. 도요타도, 혼다도 마찬가지다.

윤리적으로 옳은가 옳지 않은가, 흑인가 백인가, 제정신인가 아닌가의 경계는 허무할 정도로 애매하다. 경영자는 항상 양면성을 가지고 있다. 그래서 더 무서운 것이다. 내가 하는 일도 마찬가지다. 내가 가르쳐왔던 방법론, 감성 마케팅에 대해서는, 안타깝지만 그 진의가 십분 전해졌다고는 말할 수 없다. 당신이 나쁘다고 말한 '상대방을 과대 표현으로 조종하고 현혹적인 표현으로 매출을 올리는 것'이 감성 마케팅이라고 생각하는 사람도 있다.

하지만 그것은 오해다. 현혹적인 표현은 내가 가장 피하고자 했던 것이다. 내가 그간 가르친 것은 "자기 기준에서의 장점을 고객에게 강요하는 것이 아니라, 고객의 입장에서 장점이라고 느끼는 것을 먼저 표현하라"는 것이다. 그것이 감성 마케팅의 대전제다.

확실히 내가 감성 마케팅의 사례로 소개한 '○○은 아직 사지 마라!', '아직도 ○○에 비싼 돈을 내고 있습니까?' 같은 표제는 충격적인 표현이었을지 모른다. 하지만 내가 고객에게 제안한 표현은 그 기업이 처한 상황을 분석한 결과 내놓은 것으로, 타사에서 표면적인 것만을 흉내 낸다면 과대광고가 될 수도 있다.

또 효과적인 표현은 효과적인 약과도 같아서, 먹으면 바로 병이 낫지만, 그렇다고 부작용의 우려가 없다고는 단언할 수 없다. 그러므로 테크닉보다도 근본적인 사고방식을 배우라고 권하는 바다. 비즈니스에 대한 나의 근본적인 사고방식은 나의 마케팅 체계를 공개한《60분, 기업 최강화 프로젝트》에 정리되어 있지만, 진리에 가까워질수록 제대로 이해해 주는 사람은 감소한다. 안타깝게도 바로 거기에 표현자로서의 한계가 있다.

이 장을 빌려 내 생각을 밝혔다. 당신에게 솔직한 질문을 받아 얼마나 다행인지 모른다. 나 역시 쉽게 돈을 벌면 좋다고 생각하는 사람이 많아지는 풍조에 대해 걱정이 이만저만이 아니었다. 그래서 내가 모델을 제시하지 않으면 안 되겠다고 생각하고 있었는데 당신 덕분에 결심할수 있었다. 진심으로 고맙게 생각한다.

제4장

그 사람이
나를 방해하는 이유

자신감 없는 겸허는 비굴함과 같다. 비굴하게 행동하는 것은 당신의 나약함을 악용하려는 자들을 부추긴다. 그러므로 당신은 약간 거만해질 필요가 있다.

누구나 '좋았어, 해보는 거야!'라고 외치며 명랑하게 첫발을 내딛는다. 하지만 안타깝게도 그 첫발이 순조로운 경우는 일단 없다. 아무 영화나 떠올려 보자.

주인공은 어느 날 갑자기 사건과 조우하고는 그 사건을 해결하기 위해 미지의 세계로 첫발을 내딛는다. 그러면 반드시 주인공을 방해하는 자가 나타난다. 그것은 '문지기'라는 존재다. 주인공에게 다음 단계로 진출할 각오와 능력이 충분한지 시험하는 역할이다. 용감하게 뿌리치고 가면 처음에 위협당한 것과는 달리 사건이 순조롭게 전개된다.

사실 문지기는 허구의 세계에만 존재하는 것이 아니다. 현실에서도 비슷하게 전개되는 경우가 많다. 당신이 뭔가 새로운 것을 시작하려고 할 때 누군가가 반드시 당신을 괴롭게 하는 말을 하거나 잘못된 정보를 준다.

예를 들어, 당신은 MBA를 취득하기 위해 유학하고자 한다. 그때 "MBA를 딴다고 뾰족한 수가 생기는 건 아니다"라고 찬물을 끼얹는 사람이 나타난다(바로 나 같은 사람). 그 결과 유학을 포기한다면 당신은 그것으로 끝이다. 하지만 그것을 계기로 보다 자세한 정보를 알아보고, 역시 유학이 필요하다고 판단한 사람은 새로운 세계를 향해 날개를 활짝 펼친다. 즉, 적대시하는 사람이 있었기에 결과적으로 새로운 무대에 나아갈 준비를 할 수 있었던 것이다. 이런 메커니즘을 알아 두면 새로운 일을 시작할 때 방해하는 사람이 나타나도 그에 휘둘리지 않는다. '충고해 줘서 고맙다'라고 감사하면 그만이다.

　물론 상대방은 자신이 문지기라는 사실을 모른다. 사실 문지기는 주인공과 마찬가지로 첫발을 내디딜 단계에 와 있지만, 안락한 세계를 포기하시 못하고 있다. 자신의 가

능성에 눈을 뜨지 못했으니 그렇게 하려는 주인공을 방
관할 수 없다. 그래서 방해하는 것이다.

　이처럼 세상일에는 패턴이 있고 우리는 시나리오대로
움직이고 있다. 이 사실을 안다면 자신의 앞길에 걸림돌
이 되는 사람조차 성장에 촉진제가 되는 귀중한 동반자
라는 사실을 알게 될 것이다.

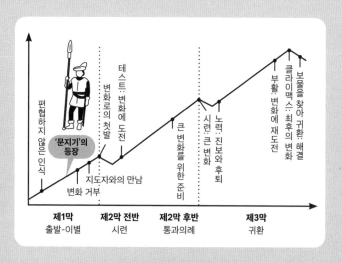

편협하지 않은 인식

'문지기'의 등장

변화 거부

지도자와의 만남

변화로의 첫발

테스트: 변화에 도전

큰 변화를 위한 준비

시련: 큰 변화

노력: 진보와 후퇴

부활: 변화에 재도전

클라이맥스: 최후의 변화

보물을 찾아 귀환: 해결

제1막	제2막 전반	제2막 후반	제3막
출발-이별	시련	통과의례	귀환

인생을 그래프로 나타낸다면
크리스토퍼 보글러, 《신화, 영웅 그리고 시나리오 쓰기》참조

1

어디서든 기죽지 않고 살아남는 방법은 없을까?

Q

저는 얼마 전 사내 벤처에 도전했습니다. 벤처에는 항상 리스크가 뒤따르죠. 특히 사내 벤처의 경우에는 일을 파고들다 보면 다른 사내 벤처와 부딪치는 일도 생깁니다. 그런데 대기업은 그런 문제가 발생했을 때 담당자를 해고하려 합니다. 이런 형국이니 그 어떤 도전도 할 수 없습니다. 기업문화를 따르는 것과 벤처의 생동감을 살리고 제 마음을 따르는 것 사이에서 무엇을 선택해야 좋을지 고민입니다.

문제가 발생했을 때 조직은 질서를 지키기 위해 담당자를 산 제물로 바친다. '요즘 시대에 산 제물이라니……'라고 생각하겠지만, 위기에 봉착한 인간의 행동원리는 옛날과 크게 다르지 않다. 홍수가 나면 강의 신을 진정시키기 위해 산 제물을 바쳤듯이 사내에서는 실패한 프로젝트의 담당자를 산 제물로 바친다. 그 목적은 위기로 인해 동요하는 공동체를 재정립하여 다시 일상으로 돌아가는 것이다. 이런 원시적인 행동원리는 평소에는 까맣게 잊었다가 위기가 닥치면 돌연 발동한다. 그 감정을 정당화하기 위한 논리가 구축되기 때문에 어찌할 도리가 없다. 조직은 아무리 생각해도 비논리적이고 비합리적인 행동을 선택하게 된다.

사내 벤처에서 실패했을 때 산 제물이 되는 것은 대개 그 프로젝트의 기획 단계에서 가장 반대했던 사원이다. 반대했음에도 불구하고 실행 책임자로 발탁되고, 결국 실패했을 때는 1순위로 해고당한다. 전략은 잘못되지 않았는데 실행 단계에서 실패했다는 부조리한 이유에서다.

낭신은 대기업이 이치에 맞게 움직인다고 믿기 때문에

고민한다. 하지만 대기업도 인간 집단이기 때문에 행동원리가 크게 다르지 않다. 이웃의 눈을 의식하면서 주위의 눈에 띄지 않도록 해야 한다. 그러므로 대기업 내에서 벤처를 시도하는 것은 빈손으로 창업하는 것보다 몇 단계 더 높은 장애물을 뛰어넘는 일이다.

사내 벤처를 설립하기 위해서는 다음의 세 가지가 필요하다.

- 사내 벤처를 설립하기 위해 필요한 기술, 자금, 인재 등의 공급원
- 벤처 설립을 지원할 문화
- 벤처 설립 시 필요한 행동을 평가할 평가제도

대부분의 대기업은 벤처 설립을 위한 여러 가지 공급원을 조달하는 데는 전혀 문제가 없다. 하지만 벤처 설립을 지원할 문화 즉, 벤처에 필수적인 게릴라적 행동을 장려하는 문화가 없을뿐더러, 그것을 평가하는 제도도 없다. 이런 공동체 속에서 벤처를 시작하면 어떤 일이 벌어

질지 예상된다. 성공하면 할수록 기존의 기업문화에 대한 도전이 될 것이므로 배척의 대상이 된다. 그 때문에 사내 벤처로 성공한 사람은 대부분 몇 년 후에 독립하게 된다.

이처럼 대기업에서의 사내 벤처는 업적을 올리는 것이 목적이 아니라 타사와 마찬가지로 사내 벤처 제도를 두었다는 것 자체에 의미를 두는 경우가 많다. 그러므로 사내 벤처가 성공할 것 같으면 기존 기업문화를 지키기 위해 무의식적으로 성공자를 넘어지게 하는 것이다.

공동체의 본질적인 모순을 인식하고 사내 벤처에는 모회사의 문화 및 평가제도를 적용할 것이 아니라 독자성을 인정하도록 하면 성공률은 훨씬 높아질 것이다. 하지만 그것은 수십만 명 규모의 기업에서는 최고경영자의 인식이 없는 한 상당히 어려운 일이다. 그래서 사내 벤처의 성공을 위해 열정을 불태우는 당신이 회사에 불만을 갖는 것은 이해하고도 남는다.

하지만 그것을 회사 탓으로 돌리는 것은 바람직하지 않다. 설령 산 제물로 바쳐졌다 하더라도 사내 벤처를 하게 해 준 것만으로도 참으로 귀중한 기회를 얻은 셈이다. 월급을 받으면서 회삿돈으로 사업 설립을 하게 해 준 것이지 않은가? 오히려 감사해야 할 일이다. 당신이 나중에 회사를 그만두고 직접 창업했을 때 순조롭게 사업을 세팅하기 위해서는 직장에 다닐 때 새 지점 오픈을 담당했다거나, 이벤트를 주관했다거나, 작은 프로젝트 기업을 설립했던 경험이 큰 힘이 되기 때문이다. 그런 경험 없이 독립하는 것은 걸음마를 간신히 뗀 어린아이가 갑자기 자전거를 타겠다고 나서는 것과 같다. 불가능한 일은 아니지만 회사에 다니며 조금 연습한 것과는 하늘과 땅 차이다.

내가 회사를 다니던 시절에 혼자 힘으로 사업을 설립했다면, 솔직히 크게 실패했을 것이다. 나는 미국의 가전회사에 다니면서 도화지 상태인 일본 시장에서의 사업 세팅을 담당했다. 당시 최우수사원이 되었고 회사는 결산상으로 이익이었지만, 그것은 창고의 재고가 자산으로 잡혀 있었기 때문이었다. 나중에 중국으로 전략 거점을 옮기기 위해 회사를 청산했을 때는 재고 상각손실로 수억 원의 적자가 기록되었다.

그 사업을 개인 자산으로 했다면 나는 파산하고 말았을 것이다. 만약 이러한 경험이 없었다면 독립 후 첫해부터 이익을 내지는 못했을 것이다. 즉, 이미 아픔을 경험해보았기 때문에 독립할 때 더 주의할 수 있었다.

회사에 불만을 말할 수 있다는 것만으로도 행운이다. 월급도 받고 경험까지 쌓고 있는 셈이니까. 그러니 지금의 알력을 자세히 알아두자. 그것은 당신이 독립했을 때 같은 실수를 저지르지 않기 위한 귀중한 공부다.

10년 후에 돌아보라! 지금의 경험이 없었다면 도저히 해낼 수 없는 사업을 당신은 반드시 이룩해내고 말았을 테니.

2

매출은 올랐지만 외로워요

Q

저는 스물다섯 살에 일찍이 독립했습니다. 당시 주위에서는 "한 달은 버틸 수 있겠어?"라고 비웃었지만, 간다 씨의 책을 읽고 공부한 덕분에 벌써 창업한 지 3년 6개월이 지났습니다. 이로써 일단 기반은 다졌다고 생각합니다.

하지만 저라는 인간은 너무도 외롭습니다. 친구들과도 멀어졌습니다. 친구들은 모두 회사에 다니니 만나도 나눌 대화가 없습니다. 사귀던 여자친구도 떠났습니다. 독립 당시부터 지금까지 계속되는 긴장은 제 마음을 사막으로 만들어버렸습니다. 당연히 결혼도 못했습니다. 언젠가 결혼을 하고 싶긴 한데, 의욕이 없습니다.

매출을 생각하면 할수록 외로움은 점점 커져만 갑니다. 너무 슬픈 현실입니다. 이렇게 된 이상 목표는 매출 상승뿐입니다. 이 고독함을 어떻게 해소해야 할까요?

나도 비슷한 상황을 겪었기 때문에 당신의 기분을 이해할 수 있다. 고독감을 느끼고 주위 사람들과 멀어지는 이유는 당신 마음 깊은 곳에 무(無)가치관이 있기 때문이다. 좀 이론적인 이야기가 되겠지만, 중요한 이야기라 그냥 지나칠 수 없다.

이는 경영자에게도 훌륭한 비즈니스맨에게도 모두 해당되는 이야기인데, 무가치관을 동기부여로 삼고 있는 사람이 정말 많다. '나는 아무런 가치도 없는 인간이다', '나 같은 게 사랑받을 리 없다'라고 생각하고 있는 것이다.

왜 무가치관을 가진 사람이 비즈니스에 심혈을 기울이는가? 성공하지 못하면 자신의 존재 가치를 증명할 수 없기 때문이다. 부자가 되어 호화주택에 살고 고급 차를 타고 다니면 사람들이 무가치한 자신에게 주목할 것이라고 믿기 때문이다. 그래서 죽어라 일만 한다.

이런 사람은 아무리 실적을 올리고 칭찬을 들어도 부정한다. '아니, 그럴 리 없습니다', '나 같은 건 아직 멀었어요'라고. 남에게 칭찬 듣는 것을 두려워하는 것이다. 자신을 고독으로 몰아가는 것이 에너지의 원천이므로 당신처럼 '목표라고는 매출 상승밖에……'라고 생각한다.

하지만 이런 무가치관으로 인해 벌어들인 돈은 창업 4년째가 지나면 갑자기 없어진다. 왜냐하면 자신의 무가치함을 극복하려는 것이 활동의 에너지원이었기 때문이다. 다시 말해 돈이 있으면 가치 있는 사람이 되므로 그 에너지원은 사라져버리고 만다. 그러므로 무의식적으로 돈이 없어질 만한 사건을 자초한다. 돌아오지 않을 돈을 빌려주거나 사기를 당하거나.

또 우수한 부하직원이 남아 있지 않는다. 좀 부족한 듯한 부하들로 진을 쳐 자신의 무가치관을 위로받는다. 그러고는 "우리 사원들은 죄다 멍청이야. 왜 우수한 사원이 없는 거야?"라고 불평한다. 하지만 자신의 오른팔이 실력을 쌓기 시작하면 자신의 입지가 불안해지므로 괜한 트집을 잡고 갈등을 일으킨다. 그러면 오른팔은 주변 사원들을 이끌고 회사를 떠나고, 회사에는 약 60퍼센트의 사원밖에 남지 않는다.

무가치관은 왜 당신에게 뿌리내렸을까? 추측하건대 그것은 어린 시절의 가정환경 때문일 가능성이 있다. 나에게는 누나가 한 명 있는데, 어린 시절 어머니의 관심은 항상 누나에게 쏠려 있었다. 같은 여자라 말이 잘 통했을 테니까 어쩌면 당연한 일이다. 그런가 하면 아버지는 일 때문에 항상 바빠서 나와는 무관한 사람이었다. 그 때문에 집안에서 고립되었던 나는 내가 외로운 건 나의 무가치함 때문이라고 생각하게 되었다. 그 고독 속에서 무가치한 나 자신을 극복하기 위해 나는 성공을 결심했다.

하지만 그런 생각은 영원히 지속되지 않는다. 어느 정도 성장궤도에 오르면 자신이 무가치하다는 것을 에너지원으로 삼는 것이 아니라, 가치 있는 자신을 인정하고 수

위를 포용하는 단계로 접어들게 된다. 나의 개인적인 경험이기 때문에 참고가 안 될지도 모르지만, 마음 짚이는 데가 있다면 당신의 어린 시절을 한번 돌아보길 바란다.

어머니가 당신을 사랑하지 않는 것은 아니었을 것이다. 어머니는 몸과 마음을 다해 당신을 사랑했을 것이다. 남자아이들은 자신이 사랑받지 못한다고 멋대로 생각하고 스스로 상처 입힌다. 그리고 그 상처를 치유하기 위해 싸움터로 떠난다. 즉, 아이가 어른이 되기 위해 제멋대로 착각을 했을 뿐이다. 마침내 부모님을 용서하고 자기 자신을 인정할 수 있게 되면 사업은 새로운 단계로 접어든다. 이렇게 해서 경영자의 그릇이 커지면 그와 더불어 회사의 그릇도 커지게 된다. 전형적으로는 연간매출이 3억 원인 회사는 연간매출 10억 원이 되고, 30억 원인 회사는 100억 원이 되는 체제가 만들어진다.

장기적으로 볼 때 회사의 성장은 좋은 전략과 좋은 상품만으로 결정되는 것이 아니다. 경영자가 부모님과 얼마나 성숙한 관계를 맺고 있는지도 크게 영향을 미친다.

일단은 자신을 있는 그대로 인정하는 것이 중요하다. 당신이 무일푼이 된다면 아무도 당신을 상대해 주지 않을까? 나는 그렇게 생각하지 않는다. 지금까지 3년 반, 혼자 힘으로 여기까지 달려온 모습을 보고 당신을 존경하게 된 사람, 덕분에 용기를 얻었다며 고마워하는 사람은 얼마든지 있을 것이다.

고독하다는 것은 당신이 그만큼 주위에 사랑을 쏟을 수 있다는 말이다. 그것은 그들과 친구가 되고 싶다는 바람의 다른 표현이기 때문이다. 계속 고독하게 지낼 것인가? 아니면 먼저 사람들에게 손을 내밀 것인가? 당신에게도 드디어 진정한 승리자로 거듭날 때가 온 것이다.

일과 개인생활을 모두 충실히
할 수 있는 비결은 무엇인가요?

Q ───────────────────────────

9,000만 원이라는 높은 연봉에 현혹되어 외국계 금융기관에 취직한 스물아홉 살 직장인입니다. 요즘 성과를 올려야한다는 부담감 때문에 괴롭습니다. 친구도 만나지 못하고내내 일만 하는데 성과는 전혀 오르지 않습니다.

답답해서 점을 보았더니 기운이 좋지 않다는 점괘가 나와더 침울해졌습니다. 성과주의 속에서 실적도 올리고 개인생활도 안정적으로 유지할 비결이 있다면 가르쳐 주세요.

스물아홉은 아이에서 어른으로 가는 시기다. 그 시기에 필요한 과제를 부여받았을 뿐이므로 전혀 걱정할 일이 아니다. 결코 쉬운 일이 아니라는 사실에는 공감하지만 절대 도망쳐서는 안 된다. 길어야 2년 반 정도인 노도의 시기를 극복하면 눈앞의 광경은 판이해질 것이다. 연간 수입은 부쩍 증가하게 되고 프로로서 흔들림 없는 실력을 갖추게 된다.

무슨 근거로 이렇게 자신 있게 말하느냐고? 그것은 당신이 경험하고 있는 일이 인생의 전형적인 현상이기 때문이다. 잠시 점성학에 대해 말하자면, 지금 당신은 '토성 회귀의 시기'에 와 있다. 약점 극복의 별인 토성이 지금 당신이 태어났을 때와 같은 위치로 돌아와 있다는 말이다. 토성의 공전 주기는 29.5년이기 때문에 사람은 누구나 30세 전후와 60세 전후에 자신의 약점을 극복할 수 있는지 시험에 놓인다.

이 시기에는 '제발 좀 살려 주세요!'라고 외치고 싶을 정도로 힘든 일이 동시다발적으로 나타난다. 회사에서 해고당하고, 애인은 양다리를 걸치고, 우울증이 생기고, 심

지어는 교통사고가 날 수도 있다. 이런 시련의 폭풍 속에서 '당신은 앞으로 30년을 어떻게 살 것인가?'라는 질문을 부여받은 것이다.

너무 괴로운 나머지 현실에서 도망치기 위해 새 애인을 만들거나 결혼해서 자신의 문제를 다른 이에게 떠넘기는 사람도 있다. 최악이다! 왜냐하면 아이에서 어른으로 가는 기회를 놓치는 것인 데다 자신의 약점을 극복할 기회를 30년 후인 60세 전후로 연기한 셈이기 때문이다.

당신의 경우는 이 토성 회귀의 시기에 실력 이상의 일이 주어진 것이다. 29세의 나이에 연봉이 9,000만 원이라니. 아주 힘든 일이겠지만, 그것은 당신의 성장에 대한 기대치다. 그 중압감으로 죽어라 일하면 믿기지 않을 정도로 실력이 향상된다.

사람들은 계속 노력하지 않으면 인생에서 성공할 수 없다고 생각한다. 하지만 사실 인생이라는 게임에는 숨겨진 법칙이 있다. 고생해야 할 시기에 실력을 쌓은 사람이 성공한다는 것이다. 즉, 토성 회귀의 시기에 실력을 쌓아야 차후의 29.5년을 성공적으로 살게 된다.

선배로서 한마디 하자면, 나도 외국계 회사의 일본 대표를 했었다. 마침 토성 회귀의 시기에 속하는 서른 무렵이었다. 아무것도 갖춘 게 없는 상황이지만 매출을 창출해야만 했기 때문에 새벽 2시에 취침하고 새벽 5시에 일어나며 일했다. '이 지옥은 도대체 언제 끝날까?'라고 매일 속으로 외쳤다. 그리고 '설마 이보다 더한 상황이 닥치지는 않겠지?'라는 마음으로 있으면 어찌 된 영문인지 한층 더 가혹한 상황이 벌어지곤 했다. 그때 내가 정신을 놓지 않기 위해 주문처럼 외우던 말이 있다.

'끝이 없는 폭풍은 없다.'

어려움이 덮칠 때마다 그 말을 되뇌며 이를 악물고 하루하루를 살았다.

'고생하고 싶지 않다. 에스컬레이터를 탄 것처럼 거침없이 성공하는 것이 좋다.' 나도 이십 대에는 이렇게 생각했다. 하지만 삼십 대, 사십 대를 멋지게 살기 위해서는 이십 대 후반에서 삼십 대 초반에 고생을 해야 한다. 인생은 그렇게 호락호락하지 않다. 순탄하기만 한 이십 대를 보내고 그대로 삼십 대에 진입한다면, 나이만 먹은 나약한 성격이 얼굴에 그대로 드러나 보기 흉한 인상이 되고 만다. 삼십 대, 사십 대에는 내면 깊은 곳에서부터 빛이 나는 사람이 매력적이다. 당신은 지금 그런 매력을 쌓기에 가장 적합한 시기에 와 있다.

당신은 지금 '무슨 일을 해도 풀리지 않을 기운'을 가지고 있다고 했는데, 나는 그 시기를 다른 표현으로 인생의 '가을'이라고 한다—나는 인생에는 12년 주기의 사이클이 있다고 본다. 그리고 그것을 4등분한 3년마다 '겨울', '봄', '여름', '가을'이라는 계절이 지나간다고 보면, 자신의 사명이나 특정 시기의 인생 과제를 쉽게 알 수 있다고 믿는다. 이 방법론을 통해 이직이나 창업의 시기, 공부에 전념할 시기를 알 수 있고, 성공이 한층 빨라졌다는 사람이 많다—. 가을은 수확의 계절이다. 지금까지 열심히 최선을 다한 일의 결과가 나오는 시기이자, 수확을 만끽하는 행운이 찾아오는 시기다. 그래서 좋지 않은 기운이 흐르는 시기에 큰 인기를 얻는 연예인도 많다. 반내로 열심히 한 것이 없으면 수확할 것도 없기 때문에 자연히 운이 나빠져서 그것을 계기로 자신의 부족한 점을 깨닫고 인생의 토양을 일구기 시작하게 된다.

이런 관점에서 생각해 보면, 당신이 연봉 9,000만 원 어치의 일을 해냈다는 것은 틀림없는 수확이다. 지금까지 애써왔던 일이 열매를 맺은 것이다. 남은 것은 인생에 두 번밖에 없는 제트코스트 같은 날들을 즐기는 일뿐이다. 그 제트코스트를 타고 있는 동안 속은 좀 울렁거리겠지만, 절대 바닥에 떨어지는 일은 없을 것이고, 언젠가는 반드시 이 울렁거림도 끝날 것이다. 그리고 타고 있는 동안에는 당신을 응원하는 사람이 함께할 것이다. 그 사람과 함께 이 시기를 극복하도록 하자.

빛을 많이 졌어요,
그래도 사업을 계속해야 할까요?

Q

7년째 보험 대리점을 운영하고 있습니다. 그 전에는 건축자재 회사에서 소매상을 상대로 8년간 영업을 했습니다. 샐러리맨 시절에도 단순한 영업에 그치지 않고 획기적인 신규 개척을 해낸 실적이 있습니다.

그런데 지금은 수익이 감소일로를 달리고 있습니다. 솔직히 말해 손에 남는 월수입은 300만 원 정도인데 지출은 400~450만 원으로, 완전히 적자 상태입니다. 월세와 공과금도 벌써 몇 달째 체납된 상황이고, 빚도 1억 원 가까이 됩니다. 지금까지는 부모님께서 지인에게 돈을 빌려 경제적인 지원해 주셨지만 더는 안 된다며 지금까지 진 빚도 갚으라고 하십니다. 대리점을 접고 회사원으로 돌아가 돈을 모으고 다시 독립해야 할지 고민입니다. 어떻게 해서든 이 사업을 계속할 수는 없을까요?

지금부터 뼈아픈 말을 해야 할 것 같다. 그러니 사랑의 매라고 생각하고 듣길 바란다. "어떻게 해서든 이 사업을 계속할 수는 없을까요?"라는 말이 당신의 문제를 상징하고 있다. 독립 4년 만에 1억 원이나 되는 빚을 졌다는 것은 매년 2,000만 원 이상의 적자를 보았다는 말이다. 몇 년씩이나 적자를 보면서도 구체적인 행동을 취하지 않았다는 점에서 이미 경영자로서 실격이다.

게다가 지금까지 부모님의 지인에게 빌린 돈도 갚지 못했는데 또다시 빚을 지려 하고 있다. 그야말로 부모님 얼굴에 먹칠을 하는 게 아닌가! 이런 최악의 상황에 처해 있음에도 불구하고 지금 당신에게는 구체적인 계획이 전혀 없는 것 같다. '어떻게 안 될까?' 하는 태도로 보아 이 대로는 개선의 여지가 없다.

'회사원으로 돌아가 돈을 모으고……'라는 생각도 용납할 수 없다. 회사원을 그렇게 만만하게 봐서는 안 된다. 사업에 실패한 경영자가 도망치듯 어느 회사의 직원이 된다고 해서 안정된 수입을 기대할 수 있을까? 요즘 회사원들은 안정된 수입은커녕 언제 해고될지 모르는 불안 속에서 기술 습득을 위해 필사적인 노력을 하고 있다.

하늘은 스스로 돕는 자를 돕는다고 했다. 지금 당신의 의존적인 행동을 보면 그 누구도 도와주고 싶지 않을 것이다. 각성해라! 내가 이토록 심하게 말하는 것은 당신이 반성하고 새로운 마음가짐으로 일어선다면 반드시 해결책이 있기 때문이다.

먼저, 빌린 돈을 갚는다. 상환 계획표를 만들어서 제출하고 조금씩 갚는다. 다음은 경비 삭감이다. 수입에 맞지 않는 생활을 했다면 개선한다. 영업 실적과 직결되지 않는 사무실 등의 헛된 경비가 있다면 과감히 삭감한다. 적자를 면치 못한다면 수혈하기 전에 지혈부터 해야 한다.

무엇을 해야 좋을지 모르겠어서 불안하다면 노트에 해야 할 일을 정리하고 우선순위를 정해 차례차례 해나간다. 계획에 구체적인 숫자를 명기하고 상환 금액, 영업 목표 등 중요한 숫자는 술술 읊을 수 있을 때까지 외운다.

그리고 일단 운이 좋은 상품에 손을 댄다. 본부에 문의해서 성장 중인 보험 상품, 성장 중인 고객층, 성장 중인 지역을 알아둔다. 우수한 판촉 자료의 콘셉트, 우수한 프레젠테이션 자료, 우수한 세일즈 토크가 어떤 것인지 알아둔다. 그리고 잘나가는 대리점을 찾아간다.

또한 매일 고객에게 전화를 건다. 그중 지인을 소개해준 고객, 클레임을 걸어왔던 고객은 직접 만나러 간다. 고객 리스트 중에 회사 경영자가 있다면 그 경영자에게 당신이 해줄 수 있는 일이 없는지 필사적으로 생각해 본다. 예를 들면 '라이프 플랜 세미나'나 '리스크 관리 세미나'의 개최를 제안해도 좋을 것이다. 그렇게 하면 회사 경영자는 고객에게 서비스를 제공할 수 있고 당신은 신규 고객을 확보할 기회를 얻게 된다.

이런 영업성의 공부뿐만 아니라 지금까지 쌓아온 것을

다 버릴 각오로 일단 좋다는 것이라면 무조건 도전해 본다. '고맙습니다'를 연창하고, 화장실을 번쩍번쩍 광이 나게 닦아 보아라. 또한 고객용 화장실이 더러우면 맨손으로 닦아 보아라. 머리카락이 휘날리게 일하면 기적은 일어난다. 과거에 당신이 화려한 실적을 거뒀을 때 어떤 상황이었는지, 그때를 되돌아보라. 분명 내가 말한 것처럼 무서운 집중력으로 죽어라 일했을 것이다. 그러므로 이번에도 할 수 있는 모든 것을 죽을힘을 다해 해 보자는 말이다. 지금처럼 어중간한 상태에서 그만두면 다음에도 역시 이러지도 저러지도 못하는 상황이 기다리고 있을 것이다.

기억하라. '한 살=10억 원'이다. 즉, 한 살이 젊으면 1년간 10억 원 정도의 가치가 있는 일을 할 수 있다는 말이다. 당신은 이제 38세, 1억 원 정도의 빚은 아무것도 아니다. 반드시 해내고야 말겠다는 다짐만 있다면 지금의 마이너스는 반드시 엄청난 플러스가 되어 돌아올 것이다.

5

내 스타일을 고집할지,
유행을 따를지 고민이에요

Q ─────────────────────────────

댄스 학원을 운영한 지 1년이 되었습니다. 이 지역에는 단

순 스텝만 가르치고, 나머지 시간에는 자유롭게 춤을 추며

즐거운 시간을 갖자고 하는 강사가 대부분입니다. 물론 그

것도 멋진 일이지만, 몸에 무리가 가는 자세로 춤을 추는 분

들이 많습니다. 이왕 춤을 출 거라면 올바른 자세로 추면서

건강을 지키는 것이 좋다고 생각합니다. 그래서 저는 다른

댄스 교실보다는 자세를 더 중요하게 가르치고 있습니다.

그런 저의 교습법에 만족하는 분들이 있는가 하면, 수업이

어렵다며 떠나는 분들도 많습니다. 이대로 저의 수업 방식을 지속해도 될지 불안합니다.

당신의 고민이 어떤 것인지 충분히 이해하고도 남는다. 사실 나도 비슷한 일로 고민하고 있기 때문이다. 나의 저서 중《90일 만에 당신의 회사를 고수익 기업으로 바꿔라》,《비상식적 성공 법칙》이라는 실용서는 잘 팔리는데, 마케팅 전략을 스스로 생각할 수 있도록 하는《60분, 기업최강화 프로젝트》라는 역작은 생각했던 것만큼 잘 팔리지 않았다. '경영자는 어떻게 살아야 하는가?'라는 본질적인 질문을 주제로 한《인생의 선율》이라는 소설은 더 안 팔린다. 내가 속상한 점은 팔리지 않는 책일수록 몇 배의 노력을 기울였다는 사실이다.

또 하나의 예를 들어 보자. 우리 집 근처에는 전통을 자랑하는 메밀국수집이 있다. 100퍼센트 메밀이라고는 믿기지 않을 정도로 매끄럽게 넘어가는 면발에, 육수 또한 걸쭉하니 진국이다. 그런데 그 가게는 항상 한가하다. 반면 다른 한 집은 특별히 맛있지도 않고, 가격도 그다지 저렴하지 않은데 언제나 손님들로 붐빈다.

이렇게 말하고 보니 작가도, 메밀국수집도, 댄스 학원도 같은 문제로 고민하고 있지 않은가! 이것을 나는 '진실의 딜레마'라고 부른다. 즉, 본질에 접근할수록 고객은 감소한다는 모순이다.

왜 이런 일이 벌어질까? '2:6:2의 법칙'이라는 것이 있다. 고객은 크게 세 가지 레벨로 나뉜다. 20퍼센트의 상위 레벨, 60퍼센트의 보통 레벨, 20퍼센트의 하위 레벨.

상위 20퍼센트는 당신의 수업에 매료된 고객이다. 그 고객들은 금액과 상관없이 정말 자신에게 맞는 수업을 원하고 있다. 하지만 대다수에 해당하는 보통 레벨은 스스로 상품의 질을 판단할 수 없으므로 다른 사람을 따라 구매한다. 사람들이 줄 서 있는 가게에 줄을 서고, 사람들이 많이 다니는 댄스 학원에 다닌다. 선생의 능력과는 상관없이 즐겁기만 한 분위기의 학원을 선택하는 것이다.

이럴 때는 세 가지 해결책을 제시할 수 있다. 첫 번째는 단호히게 고객이 원하는 레벨을 제공하는 것이다. 어느

안과 의사를 예로 들어 보자. 그는 동양의학에 정통한 사람으로, 환자를 보는 순간 어느 부위에 기가 막혀 있는지 알아낼 수 있다. 그런데 그것을 환자에게 설명하고 충고해 주면 환자들은 고마워하기는커녕 등을 돌려버린다. 그는 지금 "결국 환자가 원하는 건 안약인 거야!"라고 가슴을 치며 동양의학은 취미로만 두고 있다. 즉, 당신도 어디까지나 일이라 생각하고 그저 즐거운 댄스 수업을 제공하는 것이다. 이처럼 단호하게 결단을 내릴 수 있는 사람도 있겠지만, 아무래도 당신에게는 무리일 것 같다.

그래서 두 번째로 상위 20퍼센트에 타깃을 집중시키는 방법이다. 고객 수는 많이 감소하겠지만 당신의 수업을 좋아하는 단골이 장기간에 걸쳐 이용할 것이므로 수업료를 다소 높게 책정해도 괜찮다. 고객이 당신의 학원을 떠나는 것은 아마도 당신의 수업 방식이 제대로 전달되지 않았기 때문일 것이다. 단순히 댄스를 즐기고 싶을 뿐인데, 막상 다녀 보니 어려운 체조 같은 걸 시킨다면 고객은 낭연히 다른 댄스 학원을 알아볼 것이다. 당신이 이러한 수업 방식의 장점을 명확하게 설명하지 못했기 때문에 모집하고 싶은 고객과 모집된 고객 사이에 갭이 생기는 것이다. 이것은 홈페이지에 당신의 수업 방식에 맞는 고객층의 후기를 많이 노출하거나, 당신의 수업을 받은 수강생들이 얼마나 아름답고 건강하게 춤 출 수 있게 되었는지 전후 비교 영상을 올리는 것으로 해소할 수 있는 문제다.

세 번째 방법은 수준별 교육 방식이다. 즉, 상위 레벨도, 보통 레벨도, 하위 레벨도 모두 가르친다. 다만 수업 내용을 초급 클래스, 중급 클래스, 고급 클래스로 나누어 초급은 춤의 즐거움을 가르치는 것을 목적으로 한다. 초급은 기술을 추구하는 것이 아니라 자신이 속할 수 있는 공동체를 추구하는 것이므로 다과회 같은 모임을 갖는 것도 중요하다. 그리고 중급과 고급 클래스에서는 차근차근 자세의 아름다움과 몸에 좋은 춤을 가르치며 점차 레벨을 높여간다.

이것은 교육 방식을 완성시키는 작업이므로 머리를 많이 써야 한다. 하지만 그 어려움을 극복한다면 전국적으로 인정받는 강사가 될 수 있다. 특히 중년층을 대상으로 하는 아름다운 춤과 건강을 겸비한 댄스 수업 프로그램이 있다면 문화교실의 인기 강좌가 될 것이다. 나아가 교양방송 프로그램으로 발탁될 수도 있다. 유료 영상 강의를 만들어 판매한다면, 그 분야의 권위자가 될 수도 있다. 매스컴에 한 번 등장하면 끊임없이 출연 제의가 들어올 것 역시 뻔한 일이다.

이 세 가지 중 어떤 방법을 선택할지는 당신 마음에 달렸다. 다만, 본질에 근접한 사람에게는 세상에 본질을 전달할 의무가 있다고 나는 생각한다. 그렇지 않으면 본질적인 깨우침은 있을 수 없으니까.

6

과다청구 업자에 대처하는
방법을 알려주세요

Q

다니던 회사가 인수합병되어 그 김에 창업의 길을 걷게 되었습니다. 큰 회사의 시스템을 담당해 왔기 때문에 기술자로서는 자신 있지만, 경영자로서는 완전 초보입니다. 그런 저를 기다린 것은 치졸한 돈의 세계였습니다. '청구된 금액을 줄 테니까 영수증에는 비용을 더 높게 써달라!'는 과다청구 의뢰가 끊이질 않습니다. 이런 과다청구 업자에게 대처하는 방법을 가르쳐 주세요.

원하는 대로 방법을 알려 주겠다. 먼저, 상대방의 눈을 바라봐라. 그런 다음 이렇게 말해라.

"죄송합니다만, 저희는 회사 방침에 따라 과다청구에는 응하지 않습니다. 어떻게 하시겠습니까?"

목소리를 낮게 깔고 의연하게 말해야 한다. 만약 상대방이 "그렇다면 거래하지 않겠다"고 한다면? 단 1초도 망설이지 말고 가방에 서류를 챙겨 넣은 뒤 자리에서 일어나라.

이렇게 하면 그나마 있던 거래도 끊기는 것 아니냐고 말할지도 모르겠다. 하지만 이런 강압적인 고객과 한번 거래하면 계속해서 점점 더 무리한 요구를 강요받게 될 것이다. 그 결과 이런 악성 고객에게 휘둘리느라 진짜 필요한 고객에게 기울일 노력조차 빼앗기게 된다. 그러므로 앞으로 만나게 될 양질의 고객을 위해 의연한 태도를 보일 필요가 있다.

상담이 끝날 때쯤 교섭이 무산되면 시간 낭비이므로 상담 초반에 지불 조건을 확실히 해 둔다. 신뢰하기 어려워 보이는 고객에게는 "회사 방침에 따라 과다청구, 허위청구 등의 거래에는 일절 응하지 않고 있습니다. 그 점 양해해 주시겠습니까?"라고 사전에 못을 박아 둔다.

아마 당신이 의연한 태도를 보이면 대부분은 '어쩔 수 없지 뭐'라며 과다청구를 포기할 것이다. 상대 회사도 상품을 구매하지 못하면 곤란한 것은 마찬가지이기 때문이다. '당신이 파는 물건은 어디서든 살 수 있다'라는 말은 단순한 위협에 지나지 않는다. 라이벌 회사의 존재를 언급하기도 하겠지만, 과다청구를 수락하는 업자의 수준은 안 봐도 뻔하다. 아마 대기업에 근무했던 당신만큼 확실한 경험도 없을 것이고, 또 관리나 애프터서비스도 질이 떨어질 것이다. 당신의 우수성을 알아보지 못하는 회사와는 상담 자체가 시간 낭비다.

당신은 왜 그런 언짢은 일이 자주 생긴다고 생각하는가? 그것의 원인은 당신의 자기 이미지, 즉 스스로를 어떻게 생각하고 있느냐에 있다. "나는 이제 막 독립한 사람이다. 앞으로는 대기업이 아닌 소규모의 중소기업 세계에서 살아남아야 한다. 그만큼 치사한 일도 해야 하고, 상대방의 요구에 응하지 않으면 안 된다." 이렇게 생각하고 있는 게 분명하다. 상대방은 당신의 이러한 자기 이미지를 민감하게 감지하고 있다. 당신이 벌벌 떨고 있다는 사실을 알아차리면, 상대방은 친구를 괴롭히는 못된 아이처럼 자꾸 당신의 약점을 건드리고 싶어 한다. 그래서 '치사한 게 뭔지 가르쳐 주마!'라고 못되게 구는 것이다. 이런 요구를 받아들이면 대기업에서의 경력에 자부심을 가지고 있는 당신은 몇 년 지나지 않아 흔적도 없이 사라지고, 이번에는 당신이 거래처에 과다청구를 요구하게 될 것이다. 당신의 훌륭한 성품을 해칠 우려가 있으므로 부디 그런 업자와의 거래는 청산하길 바란다.

앞으로는 과다청구를 요구하면 의연하게 거절하자. 싱글벙글 웃는 것은 삼간다. 겸허하게 행동하는 것은 성공한 다음에 해도 늦지 않다. 자신감 없는 겸허는 비굴함과 같다. 비굴하게 행동하는 것은 당신의 나약함을 악용하려는 자들을 부추긴다. 그러므로 당신은 약간 거만해질 필요가 있다.

나는 상대방을 위협해서 자기 멋대로 조종하려는 자들을 '정신적 흡혈귀'라고 부른다. 상대방을 위협함으로써 힘을 얻는 자들, 흡혈귀는 자신감이 없는 사람들을 노린다. 그들은 자신이 비천한 존재라는 것을 알기 때문에 자신보다 우월한 존재 앞에는 나타날 수 없다. 흡혈귀에게 피를 빼앗겨서는 안 된다.

그래도 흡혈귀가 위협한다면 자신을 지키기 위한 마법의 포즈를 취하도록 하자. 발목을 꼬고 앉아서, 양손가락의 끝을 맞대고 단전에서 달걀 모양을 만든다. 이런 포즈를 취하면 신기하게도 심하게 동요하던 마음이 마치 커다란 달걀 속에 들어가 있는 것처럼 편안하게 가라앉고 자신감이 생긴다.

상대방은 당신이 더 이상 자신을 두려워하지 않기 때문에 독설을 퍼부어도 무의미하다는 걸 깨닫고는 '거참 이상하네!'라며 물러날 것이다.

잊지 말자. 비즈니스를 하는 데 있어 자존심을 버리는 건 절대 안 될 일이다!

아무리 일해도
돈이 모이질 않아요

Q

돈이 전혀 모이지 않습니다. 그런대로 벌긴 하는데 눈 깜짝

할 사이에 쓰고 맙니다. 간다 씨는 '멀티 스트림 인컴'이라

는 사고를 가지고 있다고 들었습니다. 돈 버는 방법과 번 돈

을 확실하게 저축하는 방법이 있다면 가르쳐 주세요.

내게 마법의 투자법이나 축재법이 있는 것은 아니다.

돈에 대한 태도에 따라 돈이 모이느냐 마느냐가 결정된

다. 대부분의 사람들은 계좌 잔고를 중요시한다. 하지만 중요한 것은 돈의 양이 아니라 그것이 흘러가는 방향이다.

이야기는 간단하다. 나가는 돈보다 들어오는 돈을 한 푼이라도 많게 하면 된다. 지난달 말 은행 예금이 300만 원이었다면 이달 말에는 310만 원이 되도록 한다. 다시 말해 단돈 10만 원이라도 증가하면 된다. 그렇게 하면 돈의 방향이 당신의 계좌를 향하게 된다. 이처럼 가늘어도 좋으니 돈이 당신 쪽으로 흐르도록 방향을 잡아라.

돈의 흐름은 물과 같다. 물도 처음에는 쫄쫄쫄 흘러들 뿐이었겠지만, 시간이 지나면 점차 그 물줄기가 점점 커진다. 물줄기가 커지면 다른 곳으로 흐르던 물도 이쪽으로 밀려들 것이고, 어느 순간 물이 불어나는 데 가속도가 붙어 눈 깜짝할 사이에 범람할 것이다.

돈도 똑같다. 처음에는 매달 10만 원이었던 것이 50만 원이 되고, 어느새 100만 원이 된다. 어느 순간 보면 돈 줄기는 1,000만 원이 되어 있고, 거기에 가속도가 붙어 매월 수천만 원이 홍수처럼 쏟아질 것이다. 돈과 당신의 관계를 이렇게 만드는 것이 중요하다.

만일 이것과 반대 상황에 처해 있다면 최악이라고 할 수 있다. 돈이 모이지 않는 사람은 돈이 나가는 흐름을 그대로 방치한다. '피곤하니까 오늘은 택시를 타자'라거나, 나중에 후회하기 싫다며 필요하지 않은 옷을 충동구매하는 등 계좌에 있는 돈을 다 써야 직성이 풀린다. 자제할 줄 모르는 사람이다. 이 다음 단계는 10만 원 정도는 금방 갚을 수 있다며 대출을 받는다. 이 10만 원이 어느 순간 100만 원이 된다. 엎친 데 덮친 격으로 접촉사고처럼 예상 밖의 지출이 생길 수도 있다. 2~3년이 지나면 1년 수입에 버금가는 빚이 쌓였다는 사실을 알게 되고, 그제야 가슴을 치고 후회한다. 돈을 벌어봐야 빚을 갚는 데 모조리 쓰이기 때문이다. 알겠는가? 다시 한번 말하지만, 액수가 아니라 흐름이 중요하다.

모은 돈을 쓸 때도 주의가 필요하다. 만약 저축의 11퍼센트 이상을 쓰는 경우에는 신중해야 한다. 11퍼센트 이상은 '영향 영역'으로 전체에 영향을 미치게 된다.

예를 들어, 모은 돈이 1,000만 원일 때 써야 하는 돈이 100만 원 정도라면 비교적 쉽게 그 공백을 메울 수 있다. 하지만 110만 원을 써버리고 890만 원이 남으면 그 공백의 영향이 크다. 왠지 금방 메울 수 없을 것 같은 위기감이 느껴진다. 돈은 여유 있을 때는 쉽게 들어오지만, 여유가 없을 때는 순식간에 도망간다. 그러므로 돈을 쓸 때는 '줄었다'라는 느낌이 들지 않도록 써야 한다.

상담 내용 중에 '멀티 스트림 인컴'을 언급했는데, 이것은 미국의 억만장자 로버트 앨런의 책《Multiple Streams of Income》에서 따온 말이다. 이 책의 교훈을 한마디로 정리하면 '복수 수입원을 만들라'는 것이다. 월급이라는 한 줄기 흐름만 가지고는 안 된다. 여러 갈래의 흐름이 당신을 향해 흘러오도록 해야 한다. 월급만 믿다가는 해고당하는 순간 거지가 될지도 모르지만, 다른 수입원이 있다면 리스크를 분산할 수 있다. 금리가 됐든, 배당이 됐든, 인세가 됐든 적은 액수라도 좋으니 돈이 들어오는 흐름을 만들어라. 이것이 로버트 앨런의 주장이다.

그의 말처럼 요즘 시대에 언제 끊길지 모르는 단일 수입원에만 의존하는 것은 너무 위험하다. 이제까지는 회사에서 승진하고 연봉을 높이는 것이 유일한 축재법이었지만, 지금은 한 회사에서 일할 수 있는 기간보다 생활을 위해 벌지 않으면 안 되는 기간이 더 길어지고 말았다. 이렇게 되면 젊을 때부터 만일의 사태에 대비한 보험으로, 언제라도 수입원을 만들어낼 수 있는 훈련을 해야 한다.

불과 몇 년 전까지만 해도 복수 수입원을 만들기가 어려웠지만 지금은 인터넷 덕분에 회사에 다니면서 온라인으로 부업을 할 수 있고, 어필리에이트 프로그램─인터넷을 이용한 광고의 한 방법으로 성과보수형 광고를 게재하는 것(옮긴이 주)─을 활용해 마음에 드는 상품을 소개하기만 해도 수입을 얻을 수 있다.

적은 액수라도 좋다. 요점은 10만 원도 좋고, 20만 원도 좋으니 당신 쪽으로 흐르는 돈의 흐름을 많이 만들라는 것이다. 10만 원, 20만 원짜리 흐름을 만들 수 있는 사람은 100만 원, 200만 원짜리 흐름도 만들 수 있다. 돈과의 관계를 구축하는 것은 그 어떤 재테크보다 중요하다.

8

어려울 때 도와준 은인과
의견 차이를 겪고 있어요

Q
_____

도산 직전의 저를 도와준 사람과 갈라서고 싶은데, 은혜를
원수로 갚는 것 같아 마음이 많이 괴롭습니다.

20년 전 귀향해 아버지가 경영하시던 설계회사에 입사했을
때, 회사에는 이미 6억 원의 대출금이 있었습니다. 대출 상
환을 위해 열심히 일했지만, 부동산 투자에 실패하는 바람
에 오히려 빚은 10억 원까지 증가해 도산 직전 상황이 되었
습니다. 야반도주만은 피하고 싶었던 저는 알고 지내던 동
종업계 사장 A씨에게 도움을 요청했습니다.

그로부터 10년이 지난 지금, 대부분 갚아 조금 남아 있던 빚이 최근의 건설 불황으로 다시 불어나 증가일로에 놓이게 되었습니다. 건설업계의 장래를 오래 고민해 본 결과, 사업 분야를 전환하기로 했습니다.

그런데 A씨가 제가 하고자 하는 비즈니스와는 동떨어진 업종의 경영을 도와달라고 요청해 왔습니다. 제가 사업에 성공하는 것이 곧 A씨에게 은혜를 갚는 길이라는 생각과, A씨의 사업을 도와 성과를 올린 후에 독립해야 한다는 생각 사이에서 갈등하고 있습니다.

'도산 위기에서 구해준 은인이 이번에는 당신의 도움을 필요로 하고 있다. 하지만 지금 당신은 바쁘다. 가능하면 그 은인과 결별하고 싶다. 이럴 때 어떻게 하면 좋을까?'

이것이 당신이 질문의 요점인데, 같은 질문을 초등학생에게 한다면 뭐라고 할까? 만장일치로 은인을 도와야 한다고 대답할 것이다. 초등학생에게는 아주 당연한 일이다. 하지만 현실적으로는 그 당연한 일에 쉽게 뛰어들 수 없다. 그것이 비즈니스의 무서운 점이다.

나도 은혜를 저버린 적이 있다. 내가 다니던 외국계 기업이 일본에서 철수하려고 했을 때, 나는 어떻게든 나만이라도 남아서 매출을 올려보려고 했다. 그런데 본사는 도쿄 사무소의 폐쇄를 결정했고, 나는 매출을 올리려고 안간힘을 썼지만, 매번 허탕이었다. 정말이지 눈앞이 캄캄했다.

그런데 버리는 신이 있으면 줍는 신이 있다고 했던가? 그때 한 대리점 사장님이 사무실의 한 귀퉁이를 무료로 빌려주었다. 뿐만 아니라 직원 월급까지 내 주었다. 믿기지 않을 일이다. 남의 회사 직원의 월급까지 내 주다니!

그야말로 은인이다. 그 사장님의 지원이 없었다면 지금의 나는 없었을 것이다. 그런 큰 은혜를 입고도, 컨설턴트로 독립한 뒤 바빠진 나는 인사차 찾아가지도 않았다. 언젠가 한 번 찾아뵙자고 생각하면서도 바쁘다는 핑계로 영영 멀어졌다. 그러는 동안 사장님은 암으로 세상을 떠났다. 이제 은혜를 갚고 싶어도 갚을 수 없게 되었다. 살아 있을 때 감사 인사만이라도 전했어야 했다. 정말 후회

막급이다. 그래서 하는 말은 아니지만, 은혜는 갚을 수 있을 때 갚아야 한다.

비즈니스는 논리로 하는 것이다. 우리는 돈을 벌기 위해서 합리적인 일만 하도록 배워왔다. 그런데 어느 날 갑자기 비합리적인 일을 하지 않을 수 없는 상황에 처하게 된다. 모순이다. 합리적으로 경영할수록 비합리적인 사건이 발생하니 말이다. 하지만 그 비합리적인 일에 맞서고, 극복하면 사업은 더더욱 성장한다. 지금 당신은 바로 그런 상황에 직면한 것 같다. 그러니 큰맘 먹고 A씨의 사업을 도와야 하지 않을까?

물론 자신의 사업도 힘든 상황에서 타인의 사업을 도울 수 있을까, 하는 심정은 이해한다. 다만 이번 경우에는 당신이 은인의 사업을 돕는 과정에서 자신의 사업에서는 얻을 수 없는 아주 귀한 교훈을 얻을 수도 있지 않을까. 그 결과 새롭게 시작하려는 사업이 크게 발전한다는, 보이지 않는 길이 숨겨져 있다고 나는 생각한다.

6억 원의 빚이 있는 회사를 인수해서 그것을 거의 상환

했던 것으로 보아, 당신은 탁월한 경영 능력을 갖추고 있다. '은인이 도와달라'고 부탁한 것도 당신의 경영관리 능력을 높이 샀기 때문일 것이다. 하지만 업적이 안정궤도에 오르면 완벽주의에 엄격한 성격인 당신이 '끝까지 가보는 거야!'라고 눈앞의 일을 생각하지 않고 돌진하는 건 아닐까 걱정이다. 빚을 10억 원까지 증가하게 한 분양 부동산도 그렇고, 또 새로 시작하려는 사업도 같은 패턴의 실패를 반복할지 모른다.

그런 의미에서 도와달라는 은인의 요청은 생각하기에 따라서는 당신의 무모한 도전을 억제하기 위한 구원의 신호일지도 모른다. 당신은 같은 업종의 경영에 협력함으로써 은인에게 받았던 은혜를 갚는다고 생각할지 모른다. 하지만 그게 아니다. 한때 당신은 은인의 도움으로 도산 위기를 극복했고, 이번에도 그 은인은 당신에게 구원의 손길을 내민 것이다. 그러므로 '다시 이런 은혜를 베풀어주시니 감사합니다!' 하는 마음으로 대가를 바라지 말고 성심성의껏 일하도록 하자. 그렇게 누군가의 은혜를 감사히 받을 줄 알게 되었을 때 비토소 ㄴ 은혜를 사회로 환원할 수 있는 게 아닐까?

그나저나 당신에게는 자녀가 있는가? 위기 상황에 부딪혔을 때 당신은 어떻게 대응하는가? 자녀나 사원들은 당신의 태도를 지켜보고 있을 것이다. 위기에 직면했을 때일수록 인간성이 잘 드러난다. 위기에 대응하는 당신의 태도가 회사와 가족의 문화가 된다.

내 아버지는 오래도록 영세기업의 사장이었다. 마을의 학생복 제조회사였다. 고액 납세자 일람표에 이름을 올릴 정도로 많이 벌 때도 있었지만, 자금에 쪼들리느라 가족에게는 말도 못 할 정도로 힘든 시기도 있었다.

언젠가 아버지는 회사의 현금이 없어지는 사건으로 괴로워했다. 사원이 매출금 일부를 빼돌린 것 같았다. 한 사원이 의심을 샀지만 '저런 착한 사람을 의심하다니!'라며 사원들은 못마땅해했다. 얼마 후 확실한 증거가 발견되었다. 수천만 엔의 횡령이었다. 작은 회사였기 때문에 도산할지도 모르는 상황이었다. 물론 형사사건감이다. 원칙대로라면 감옥행이 아닌가? 하지만 아버지는 다달이 몇 십만 원씩 갚겠다는 약속만 받고 더 이상의 책임을 묻지 않았다. 왜냐하면 그 사원은 혼자 힘으로 어린 자식을 키우고 있었기 때문이다. 이걸 합리적이라고 할 수 있을까? 아니, 용납하기 어려울 정도로 비합리적이다. 하지만 비즈니스를 하다 보면 과감하게 비합리적인 일을 해야 할 때가 있다.

아버지의 회사 앞에는 횡단보도가 있었는데, 그 횡단보도를 자주 이용하는 시각장애인이 있었다. 아버지는 그 사람을 볼 때마다 어김없이 사무실에서 뛰쳐나가 웃는 얼굴로 길 건너는 것을 도와주었다. 회사 경영자로서는 합리적인 시간 사용법이 아니다. 하지만 그런 장사꾼의 모습은 무엇보다도 귀중한 교육이라고 생각한다. 아이들에게도 그리고 사회에도.

회사 일이란 득실만을 따지는 것이 아니다. 뒷모습에서 보다 좋은 세상을 만드는 데 도움이 되기 위한 삶의 모습을 엿볼 수 있느냐 없느냐, 그런 삶의 자세가 평가받는 것이 진정한 비즈니스다.

제5장

돈과 연애의
비상식적인 법칙

일반적으로 회사 경영이란 기계를 움직이듯 힙리직으로 실세할 수 있을 것 같지만, 실제로는 지극히 인간적인 성장과정을 보인다. 아기를 키우는 데 부모 혹은 보호자가 필요한 것처럼 비즈니스의 성장에도 남성과 여성 쌍방 의 에너지가 필요하다.

비즈니스를 일정 궤도에 올리고 성장 및 안정시키기 위해서는 무엇이 필요할까? 로켓을 성층권으로 쏘아 올리는 것과 같이 다른 종류의 에너지를 필요한 단계에서 분사시키는 것이다. 여러 가지 사업에 종사하면서 내가 깨달은 성공한 비즈니스의 본질은 에너지를 필요한 시기에 적절하게 활용하는 것에 있다.

그것을 도표로 나타내면 다음과 같다. 비즈니스를 배운 사람이라면 눈에 익은 성장곡선일 것이다. 사업을 시작하면 이처럼 도입기, 성장기 전반, 성장기 후반을 거쳐 성숙기로 접어들어 안정세를 타게 된다. 여기서 중요한 것은 각각의 시기에 활용하는 에너지가 다르다는 것이다.

이 그래프를 《복숭아동자》라는 설화에 비유해 설명해 보겠다. 우선 《복숭아동지》의 줄거리는 다음과 같다. 아이 없이 지내던 어느 노부부는 어느 날 강물에 떠내려온

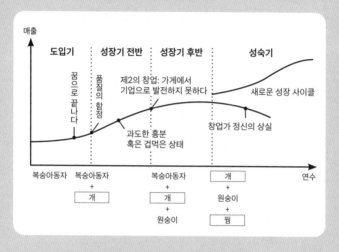

설화《복숭아동자》에 빗댄 성장곡선

커다란 복숭아를 줍게 된다. 복숭아 안에는 사내아이가 있었고, 부부는 그 아이, 즉 복숭아동자를 친자식처럼 키운다. 복숭아동자가 청년이 되었을 무렵, 도깨비들이 마을로 내려와 사람들을 괴롭히고 납치하기 시작했다. 불의를 참을 수 없었던 복숭아동자는 도깨비들을 무찌르기 위해 여정을 떠난다. 노부부는 떠나는 복숭아동자가 끼니를 떼울 수 있도록 수수경단을 안겨 보내는데, 복숭아동자는 이 수수경단을 개, 원숭이, 공작새에게 나눠 주고 그들을 동료로 삼는다. 그리고 이들은 힘을 합쳐 도깨비를 무찌른다.

도입기에는 사업을 평평한 바닥에 내려 두고 시작하지 않으면 안 된다. 이때는 창업가가 '시장 최고가 되겠다!'라는 목표를 세워놓고 매진하는 시기로, 복숭아동자가 "도깨비섬으로 도깨비를 퇴치하러 가자!"라며 부하(개, 원숭이, 공작새)를 모으는 단계다.

복숭아동자가 가지고 있는 '추진능력'은 남성적 에너지의 일종이다. 하지만 추진능력만으로는 성장기 전반까지 도달하지 못한다. 때문에 복숭아동자의 꿈을 실현시킬 조력자가 필요하다.《복숭아동자》에서는 첫 번째로 만난 동료, 개가 이 역할을 도맡아 한다. 이 개는 '실무능력'을 가진 여성적 에너지의 상징이다. 즉, 남성적 에너지를 가진 창업가가 뜻을 세운 뒤 다음으로 여성적 에너지를 가진 실무가를 만나면 성장기 전반에 돌입할 수 있게 되는 것이다.

성장기 후반에 접어들어 사업 성장의 속도가 빨라지면 매출이 오르지만, 현금이 회수되지 않거나 자금이 부족해지는 등 관리상의 허점이 발생한다. 이 단계에서 가장 중요한 인재는 계산에 능한 관리자다. 복숭아동자 이야기에 비유하자면 지혜가 많은 원숭이의 출현이 이에 해당한다. 이 관리능력을 가진 원숭이는 남성적 에너지를 상징한다.

또한 성숙기에 들어서면 매출 성장이 급속하게 둔화되고 사원들의 불만이 하나둘 터진다. 파벌 간의 다툼, 대우에 대한 불만을 비롯한 조직의 문제가 표면화되어 회사는 분열의 위기를 맞는다. 이 시기에 복숭아동자가 계속 활약하는 것은 금속피로를 일으킨 로켓이 '추진능력'을 더욱 가중시키려는 것과 같으므로 회사는 과열되어 산산조각이 나고 만다.

이 분열될 것 같은 조직을 재정립하는 역할은 '조정능력'을 가진 꿩이 맡는다. 꿩은 일은 잘 못하지만 분위기를 띄우는 오락부장이나, 모두의 고민을 잘 들어주는 사원이다. 이 역할은 여성적 에너지에 가깝다. 능력이 부족한 사원이라도 조직의 분열을 방지하기 위해서 반드시 있어야 한다. 하지만 성과주의가 만연해지면 이런 꿩 같은 인재는 사내에서 사라지고 만다. 조직은 분열을 방지하기 위해 우울증에 걸린 사원을 만들어낸다. 왜냐하면 우울증은 상실한 인간관계를 부활시키기 위한 병이라고 해석되는 측면도 있기 때문이다. 그래서 성과주의의 도입과 우울증의 증가 시기가 일치하는 게 아닐까.

> - 남성적 에너지: 새롭게 시작하는 능력 추진능력(결정과 판단), 집중력
> - 여성적 에너지: 키우는 능력, 조정능력(관계성의 강화), 전체를 보는 능력

일반적으로 회사 경영이란 기계를 움직이듯 합리적으로 설계할 수 있을 것 같지만, 실제로는 지극히 인간적인 성장과정을 보인다. 아기를 키우는 데 부모 혹은 보호자가 필요한 것처럼 비즈니스의 성장에도 남성과 여성 쌍방의 에너지가 필요하다.

'남성'과 '여성'으로 단순화해서 말했지만, 결코 생물학

적인 '남성'과 '여성'을 말하는 것은 아니다. 어디까지나 남성적 에너지(추진능력, 관리능력)와 여성적 에너지(실무능력, 조정능력)를 뜻하는 것이다. 남성에게도 '여성적 에너지'가 있고, 여성에게도 '남성적 에너지'가 있다. 그러므로 남성 경영자라도 사업 성장의 단계에 따라 자신 안에 숨은 여성적 측면을 활용하는 깃이 좋다. 중요한 것은 남성적 에너지만으로는 회사를 유지할 수 없다는 점이다. 회사의 발전은 '남녀의 왈츠'와 같다. 그것을 이해한다면 지금까지 일본 기업이 왜 그토록 여성적 에너지 그리고 그 원천인 여성의 활용을 경시해왔는지 섬뜩해질 정도다.

영향·효과	안정·효율
실무가(개) 마법처럼 창업가의 꿈을 실현시킨다. 현실적으로 결과를 내는 것을 중시한다. 일상적으로 업무를 순조롭게 진행시키기 위해 전력을 다하므로 조정자와는 숙적이다. 창업가와는 잘 맞지만, 때로는 모반을 도모하기도 한다.	**관리자(원숭이)** 혼란을 싫어한다. 모든 것이 규칙대로 움직이고 예측 가능한 일상을 좋아한다. 숫자에 민감하다. 휴일에는 절대 휴식! 정시에 출근하고 정시에 퇴근한다. 창업가와는 물과 기름의 관계다.
창업가(복숭아동자) 아이디어를 잘 낸다. 다른 사람의 의견을 듣지 않고 자기 말만 한다. 말이 자꾸 바뀐다. 혼란을 좋아해서 일단 성사된 일을 엎길 잘 한다. 몽상가이자 전형적인 일 중독이다.	**조정자(찡)** 간단히 말해 정치가 타입이다. 사전공작으로 자신의 의견을 누구나 납득하게 만든다. 사내에서는 없는 듯한 사람처럼 보이지만 이 사람이 없으면 사내는 분열된다.

단기적 (좌측 상단 행 레이블)

장기적 (좌측 하단 행 레이블)

1

유부남인 사장님과
사귀고 있어요

Q _____

삼십 대 여성입니다. 8년간 다닌 회사의 사장님과 사귀기

시작한 지 1년이 넘었습니다. 사장님은 기혼자이시고요. 입

사 당시부터 항상 저를 격려해 주고 의지가 되었던 그를 위

해 믿음직한 업무 파트너가 되고 싶습니다. 그의 아내가 될

수 없다면 비즈니스면에서라도 그 누구보다 힘이 되는 존재

가 되고 싶습니다. 지금은 회사에 소문도 많고 질투도 많은

분위기라 여러 가지 일에 나서기가 좀 어려운 상황입니다.

당장이 아니어도 괜찮으니 언젠가 "당신이 없으면 안 돼!"

라는 말을 들을 수 있는 존재가 되고 싶어요. 지금부터 무엇을 하면 좋을까요?

사귀기 시작한 직후부터 회사의 실적이 오르지 않았는가? 만약 그랬다면 이 상황은 성장할 회사에서 벌어지는 흔하디흔한 일이다. 이렇게 말하면 당신은 분명 반론을 제기할 것이다. "나와 사장님은 특별하다. 흔하디흔한 일이라고 단정 짓지 말라!"라고. 그 기분은 충분히 이해하지만, 주제넘은 간섭이라고 할지 몰라도 내가 꼭 해두고 싶은 말은, 사장에게 당신과의 연애는 기분 전환에 불과할 뿐 진실한 사랑이 아닐 가능성이 크다는 것이다.

삼십 대에 '불륜을 지속할 것이냐 말 것이냐'는 중대한 문제다. 그러니 귀가 아플지도 모르지만, 사내연애의 패턴에 대해 말해 두어야겠다. 어디까지나 일반적으로는 이렇다는 이야기이므로 당신에게 해당되지 않는 부분은 무시해도 좋다.

사장은 왜 가정이 있는데도 직원과 사귀는 어리석은 짓

을 저지를까? 그것은 사장이 경영에 여유를 갖게 된 것과 관계가 있다. 사장의 입장에서 보면 지금까지는 돈을 버느라 정신이 없었기 때문에 여자에게 눈 돌릴 틈이 없었다. 그런데 드디어 고객이 늘고, 회사도 사회의 주목을 받게 되었다. 남자는 집에 돌아가면 자신의 능력을 아내에게 자랑하고 싶어 하는 동물이다. 초등학생 남자아이가 엄마에게 학교 성적을 자랑하는 것처럼 말이다. 한편 아내는 남편의 마음이 밖으로 향해 집에 혼자 남겨질지도 모른다는 불안에 휩싸인다. 물론 남편의 성공을 함께 기뻐하고 싶지만 무의식적으로 외롭고 두렵기 때문에 남편이 실적을 자랑할 때마다 볼멘소리를 하게 된다.

그 결과 남편은 자신이 열심히 일해서 좋은 성과를 거둬도 아내는 고마워할 줄 모른다고 분노하고, 아내는 자신이 가정을 지키느라 고생하는 것을 남편이 인정해 주지 않는다고 분노한다. 아내는 남편이 자신을 소중하게 여기지 않으면 섹스를 거부한다. 섹스를 거부당한 남편은 남성으로서의 매력을 부정당했다고 생각하고 분노를 쌓기 시작한다.

그때 기적처럼 나타나는 존재가 사장을 동경의 눈빛으로 바라보는 젊은 여자 사원이다. 사장은 아내에 대한 복수심으로 불타오르는 성욕의 대상을 찾는다. 정신을 차렸을 때는 젊은 사원과 함께 식사하고, 술을 마시고, 호텔로 들어서는 일련의 과정을 밟은 후다. 일이 끝나면 아내의 눈을 피해 사원과 밀애를 즐기다가, 급기야는 출장길에 그녀를 대동하게 된다.

이런 연애는 당장은 즐겁다. 하지만 안타깝게도 오래가지는 못한다. 왜냐하면 처음부터 아내에 대한 분노의 보상으로 당신의 존재가 적합했을 뿐이기 때문이다. 사장이 당신을 진심으로 위하는 것처럼 보이겠지만, 사실은 당신이 정신적으로 자신에게 의존하게 함으로써 쓸쓸함을 달래려고 했을 뿐이다.

어쩌면 사장의 부인이 한 수 위일지도 모른다. 사실 남편의 불륜을 까맣게 모르는 사장 부인은 거의 없다. 그냥 눈감아 주고 있을 뿐이다. 즉, 사장과 당신은 부인의 손바닥 위에서 놀아나는 중이다. 만일 부인이 모른다면, 그거야말로 큰일이다. 불륜이 들통났을 때 가성은 아수라장이 될 것이고, 사장이 직원과 불륜을 저지르고 있다는 사실을 안 사원들의 사기는 바닥에 떨어질 것이다. 사장도 사업 성장을 위해 쓸 에너지를 이 일을 수습하는 데 소진해 버려 사업은 바닥으로 곤두박질치고 만다. 결국엔 기진맥진한 사장은 어떻게 당신과 헤어질까 고민하기에 이른다.

물론 아주 드물게 이런 불륜이 결혼으로 이어질 때도 있다. 하지만 당신의 경우에는 어려울 것 같다. 당신이 회사 분위기를 '소문도 많고 질투도 많다'고 설명한 부분에서 알 수 있다. 당신은 그런 경쟁 속에서 첫 번째 여자가 되고 싶다고 말하지만, 결국은 사내에서 첫 번째를 넘어 부인의 자리를 탐낸다. 만일 정말로 사장을 빼앗아 결혼한다고 하더라도 해피엔딩은 아니다. 그 사장에게는 불륜 전과가 있지 않은가. 때문에 언제 다시 젊고 예쁜 사원에게 남편을 빼앗길지 모른다는 불안감에 떨어야 한다. 그 남자와 같이 사는 내내. 어쩌면 평생.

사실 당신도 사장을 좋아한다기보다는 사장의 애정을 둘러싼 경쟁 속에 있기 때문에 사장을 좋아한다고 착각하고 있는지 모른다. 그 경쟁에서 벗어난 순간 '내가 왜 저런 아저씨에게 정신을 팔았을까?'라며 제정신을 차리게 될 것이다.

불륜에도 체력이 필요하다. 1년 정도는 괜찮지만 몇 년이 더 지나면 지쳐 쓰러지게 될 거다. 각오가 되어 있다면 몰라도 놀아나고 있는 거라면 최대한 빨리 그만두는 것이 좋다. 그리고 첫 번째 여자가 되고 싶다는 쓸데없는 경쟁은 그만두고 스스로 안정을 찾아야 한다. 그렇게 하지 않으면 빼앗는 사랑에만 매달리느라 주는 사랑을 모른 채 인생이 끝나고 말 것이다.

2

겉돌지 않으면서 자기관리에
힘쓰는 방법은 없을까요?

Q ——————————————

서른일곱 살 된 남성 시스템엔지니어입니다. 저는 미용에 관심이 많습니다. 적지 않은 돈을 화장품을 사거나 마사지를 받는 데 쏟아붓고 있습니다. '아름다움'을 위해서라면 세계 어디라도 갈 수 있습니다.

하지만 직장은 남자의 미용에 보수적인 분위기라 저의 가치관을 인정받지 못합니다. 요즘에는 동료들이 저를 두고 '나르시시스트'라고 수군거릴 정도입니다. 저는 정신적으로 강한 사람이 아니어서 남의 시선이 너무 신경 쓰입니다. '나는 나, 남은 남'이라고 단호하게 무시하지 못하고 괴로워하고 있습니다. 직장에서 겉돌지 않으면서 지금처럼 자기관리에 힘쓸 수 있는 방법은 없을까요?

시대 에너지에 민감한 사람이 갖기 쉬운 고민이다. 시간이 해결해 줄 것으로 믿고 지금은 참아내는 수밖에 없다. 세상은 점점 당신 같은 사람이 살기 좋게 변하고 있다. 일반적으로 앞으로는 여성들의 시대가 온다고들 하지만, 정확히 말하면 남성 중심의 시대에서 젠더 뉴트럴의 시대로 변모할 것이다. 남녀의 언어 차이와 패션의 차이는 사라질 것이고, 뷰티 문화는 더 확산될 것이다. 요즘 전철 안에서 이삼십 대 남성들의 패션을 자세히 살펴보면, 피어싱 목걸이 팔찌 같은 액세서리가 아주 당연한 것이 되었다. 남자가 전철 안에서 화장을 한다고 해도 이상할 것 없다.

지금이야 이 광경에 언짢은 듯 이맛살을 찌푸리는 사람이 많지만, 지금의 이삼십 대도 앞으로 10년만 지나면 삼사십 대가 된다. 사회의 중심을 이룰 남성들이 액세서리, 화장, 마사지를 이상하지 않다고 여기게 되었으므로 사회는 당신의 감성을 쫓아오게 될 것이다. 당신이 이 직장에서 힘든 것은 시대의 에너지에 민감하기 때문이지 결코 당신의 취향 때문이 아니다.

젠더 뉴트럴 사회로 가듭나는 과정에서 두드러지게 나타나리라 예상되는 것은 성 풍속의 문란이다. 이미 문란해져 있으니 이 이상 어떻게 문란해질지는 상상이 안 가지만, 감히 말하자면 불륜은 대수롭지 않은 것이 되고, 섹스 파트너를 두는 것이 아주 당연한 일이 되고, 술을 마시면서 몇 명과 해 봤는지 자랑하게 될지도 모른다.

성 풍속의 문란은 역사의 사이클에서 나타난다. 나는 70년을 주기로 시대를 보는데, 지금으로부터—원서의 발행연도는 2006년 무렵이다(편집자 주)— 70년 전인 1936년에는 '아베 사다 사건'—유흥업소 종업원이었던 아베 사다가 1936년 5월 도쿄도 아라카와구의 유곽에서 성교 중이던 애인을 살해하고 음부를 잘라낸 사건(옮긴이 주)—이 일어났다.

'모던보이', '모던걸'이라는 말이 성적으로 퇴폐한 사람이라는 뉘앙스를 띠고 유행하던 시대였다. 그리고 그로부터 70년 전은 막부 말기로, 이때는 '좋지 아니한가 운동'—1867년 7월부터 이듬해 4월까지 일본 수도권을 중심으로 에도에서 시코쿠까지 확산된 민중운동, 가장행렬이 '좋지 아니한가'라는 추임새를 연호하며 마음을 돌면서 춤을 추었다고 한다(옮긴이 주)—이 일어났다. 이 행렬에 참여한 남성은 화장 및 여장을 하고 미친 듯 춤을 추면서 남의 집에 들어가 부녀자를 희롱했다고 한다.

이처럼 역사 사이클의 종반에는 미를 찬미했고, 예술이 깊이를 더했으며, 성적으로 자유분방했다. 성의 자유분방함은 성병의 만연을 야기하고 정신을 황폐화하므로 사회적인 대응이 필수적이지만, 미의 찬미나 예술의 번영은 문화에 있어서 좋은 일이다. 따라서 미를 추구하고 있는 당신은 비판받을 이유가 없다.

하지만 이런 말들은 실제로 직장에서 겉돌고 있는 당신에게는 일시적인 위안에 지나지 않을 것이다. 역시 근본적인 해결책을 원한다면 직장을 바꿔보라고 권하겠다. 가령 독립해서 창업한다면 당신의 고민은 순간 자존심으로 바뀔 것이다. 왜냐하면 정도의 차이는 있을지라도 당신 같은 사람은 사장 중에 많은 타입이기 때문이다.

예를 들어, 내 주변 사장들은 모두 멋쟁이다. 그들이 친구라도 만나면 만나기 무섭게 주고받는 말이 "와, 이 셔츠 멋있는데요! 어디서 사셨습니까?", "가방 참 멋집니다. 그 코트하고 아주 잘 어울려요!", "안경테, 또 바꿨어?" 등이다. 이처럼 성공한 사장일수록 패션에 관심이 많고, 또 자신에게 어울리는 스타일을 잘 알고 있는 나르시시스트다(이것을 그들은 '퍼스널브랜딩'이라고 부른다).

독립이 어렵다면 이직도 괜찮다. 당신처럼 일에 능하고 패션에 관심이 있는 사람은 드물 것이므로 패션업계로 이직할 경우 상당히 유리할 듯하다. 패션업계 시스템 부서라면 겉돌 일도 없지 않겠는가?

지금의 직장에서 외톨이라는 것에는 동정을 보내지만, 그것도 당신이 성공으로 가는 과정에서 겪는 하나의 과정이라고 생각한다. 고독은 사람을 성장시킨다고 했다.

떼를 지어 다니는 남자보다 고독에 강한 남자가 훨씬 멋지다. 이해받지 못하는 일을 꿋꿋하게 지속하는 모습이나 비판을 받으면서도 끝까지 관철시키는 모습……. 그것이 바로 최고의 멋이다. 그리고 신기하게도 사람은 고독을 이겨내고 홀로 서는 강인함을 터득한 후에야 비로소 진정한 친구를 만나게 된다. 자신의 감성을 잘 갈고 닦은 후에야 자력(磁力)이 생겨서 같은 감성을 가진 최고의 친구를 끌어당기는 것이다. 진정한 친구를 만드는 건 고독을 거친 다음 얻어낼 수 있는 특권이다. 그것이 업무상의 표면적인 관계를 추구하는 것보다 행복한 일이라고 나는 생각한다.

3

좋아하는 사람에게서
답장이 오지 않아요

Q

파티에서 만나 좋아하게 된 여자에게 연락했는데 답장이 오

지 않습니다. 이럴 때는 어떻게 해야 하나요?

나도 예전에 매력적인 승무원에게 내 메일 주소를 적은

메모지를 건네준 적이 있다. 좀처럼 메일이 오지 않아서

잠재의식을 구사해 보았다. 그 여자의 이름을 종이에 적

어 주문을 외고 소원을 실현하는 피라미드 파워를 사용

했다.

결론적으로 효과는 전혀 없었다. 냉정하게 생각해 보면 그런 게 효과 있을 리 없다.

여자의 마음을 얻는 것은 테크닉으로 되는 것이 아니다. 돌파구는 남성으로서의 자신을 갈고닦는 것뿐이다.

아들의 담임선생님을
좋아하게 되었어요

아들의 담임선생님을 좋아하게 되었어요. 참관수업에서도

아이보다 그 선생님에게 정신이 팔려 있습니다. 아이에게

들키지는 않을지 불안합니다. 큰맘 먹고 고백할까요? 아님

자중할까요?

상남자의 직업이 의사라고 하니 스스로 '금단의 진단'

을 내려보는 건 어떨까? 그리고 그 전개를 나에게 알려주

면 고맙겠다. 어떤 결말이 날지 나도 궁금하다.

내 친구 중에 유부남인 것을 숨긴 채 호텔 직원을 꾀어서 '금단의 사랑', 즉 불륜을 저지른 녀석이 있었다. 그는 결국 호텔 로비에서 따귀를 얻어맞았다.

다른 한 친구는 거래처 직원을 사랑하게 되었는데 이해심 많은 부인을 둔 덕분에 부부가 나란히 그녀에게 프러포즈하러 갔다.

어리석은 친구들이지만, 어리석기에 재미있는 친구들이다.

아이를 갖고 싶은데
좋은 사람을 만나지 못했어요

Q

34세 미혼 여성입니다. 외국계 제조업체에서 활달하게 일하고 있지만, 집에 돌아가면 외톨이입니다. 효도한다 생각하고 좋은 사람을 만나면 언제라도 결혼하고 싶은데, 지금의 독신 생활도 나름대로 행복합니다. 그런데 내 아이를 낳고 싶다는 꿈이 있어서 35세까지는 어떻게든 결혼하고 싶어요. 좋은 사람을 만나기 위해서는 어떻게 해야 할까요? 간다 씨는 점성술도 연구하신다고 들었습니다. 운명이 정해져 있다면 노력해도 소용없는 걸까요?

당신의 이야기는 모순투성이다. '독신 생활의 행복을 포기하기 싫다', '하지만 효도하는 차원에서 결혼하고 싶다', '좋은 사람이 있으면 즉시 결혼하고 싶다', '1~2년 안에는 어떻게든 결혼하고 싶다', 이 내용이 한 사연에 모두 들어 있다. 이런 모순투성이에게 좋은 사람이란 대체 어떤 사람일까? 당신 입맛에 딱 맞는 사람을 찾고 있는 것 같은데, 아닌가?

이것도 갖고 싶고, 저것도 갖고 싶고, 이렇게 자신에게 좋은 것만 고집하는 사람을 '응석받이'라고 한다. 그런 사람에게 점성학은 좋은 기분풀이다. 왜냐하면 일이 잘 안 되는 것도 별 탓, 애인을 만나지 못하는 것도 별 탓, 운이 나쁜 것도 별 탓으로 돌릴 수 있기 때문이다.

하지만 내가 점성학을 연구하면서 알게 된 것은 당신처럼 별에 의존하는 사람은 언젠가는 별에게 배신당하게 된다는 것이다. 예를 들자면 별점에서 '이달에는 사랑의 기회가 찾아온다'고 했는데 최악의 사람을 만나게 되었다거나, '이달은 투자 운이 최고'라고 했는데 투자한 주식이 폭락했다거나 하는 일 등이 있겠다.

점성학은 어디까지나 생각을 도와주는 도구일 뿐이다. 자기 머리로 생각하지 않고 별에만 의존하는 것은 결국 당신 자신의 우주, 즉 인생을 방치하는 것과 같다. 점성학은 카를 융Carl Gustav Jung처럼 고명한 심리학자가 매료되었던 것만 봐도 알겠지만, 결코 심심풀이가 아니다. 세계의 성립을 이해하기 위해 훌륭한 통찰력을 갖도록 해주는 학문 체계다. 전문서적을 보면 고도의 철학이라고 해도 좋을 정도의 내용에 놀란다.

나는 '어떻게 하면 성공할 수 있는가?'에 대해 탐구하면서, 성공에는 리듬이 있다는 것을 깨닫고 한때 점성학을 본격적으로 연구한 적이 있다. 그리고 어느 정도 비즈니스에 대한 응용법 즉, 어느 정도까지만 해야 휘둘리지 않고 합리적인 범위에서 활용할 수 있을지 감을 잡고 있었기 때문에 그 이상 깊이 파고드는 일은 없었다. 이 학문은 솔직히 매력적이다. 불가해한 세상을 여러 각도에서 설명할 수 있으니까.

내가 연구하면서 알게 된 것은, 인간관계는 천공에서 시시각각 움직이는 별이 그림자 그림처럼 투영된 것으로 해석할 수도 있다는 것이다. 예컨대 어떤 사람과 처음으로 만날 때의 장소와 일시의 홀로스코프(천체 배치도)를 조사해 보면, 그 인간관계가 어떤 식으로 전개될지 놀라울 정도로 정밀하게 예상할 수 있다. 나는 한때 새로운 사람과 만날 때마다 그 순간의 홀로스코프를 알아보고, '이 사람과 나는 도대체 사회적으로 무엇을 이루기 위해 만나게 될까?'를 예측했다. 그 결과 업무상 나와 관계된 사람이 대단한 기세로 성장하는 것도 경험했다.

일단 이런 우주 메커니즘을 전제로 두고 '좋은 사람을 만나기 위해서는 어떻게 하면 될까?'라는 당신의 질문에 대답해야겠다.

먼저 "나는 파트너와 우주에서 무엇을 창조하고 싶은가?"를 자문하라. 이 질문이 얼마나 중요한지 자각하는 일부터 시작해야 한다. 천체는 돌고 있으므로 우주 시점으로 생각하면 '좋은 사람과의 만남'의 기회는 매일같이 찾아온다. 그럼에도 불구하고 만나지 못하는 것은 '두 사람의 만남으로 무엇을 창조하려고 하는가?'라는 질문에 당신이 대답하지 않았기 때문이다.

모든 만남은 가치 있는 일을 창조하기 위해 존재한다. 그러므로 누군가를 만나기 위해서는 뭔가를 창조하겠다는 각오가 필요하다. 그런데 그 노력을 내버리고 있는 지금, 당신은 어떤 사람을 만나도 그와 함께 세상에 내놓을 것이 없다. 그러니 눈앞에 최고의 파트너가 나타나도 당신 눈에 띄지 않는 것이다. 바꿔 말해, '좋은 사람'이 나타나는 것이 아니라 당신이 '좋은 관계'를 만들려고 하는 것이 만남을 위한 필요 조건이다.

만남의 기술에는 여러 가지가 있다. 하지만 그것으로 일시적인 연애 대상을 찾을 수는 있어도, 당신 인생을 의미 있게 만들어 줄 수준 높은 파트너를 만날 수는 없다. 정말 운명적인 사람을 만나고 싶다면 당신 자신이 운명의 문을 활짝 열어야 한다. 어린아이처럼 마법의 램프에서 이상적인 사람이 짠! 하고 나타나리라는 기대에 부풀어 있을 것이 아니라, "두 사람이 만나서 세상을 위해 무엇을 창조할까?"라는 질문에 초점을 맞춘다면 문은 천천히 열리기 시작할 것이다.

6

아직까지 '모태솔로'인 나, 어떡하죠?

Q

성공법칙에 관한 책은 많지만, 저의 문제를 해결해 줄 방법
은 전혀 찾아볼 수 없어 고민입니다. 저의 문제는 스물아홉
이 되도록 한 번도 애인이 생기지 않았다는 것입니다. 지금
까지 여자와 사귀어 본 적이 없습니다. 만날 일이 없다, 만
나도 좋은 사람이 없다…… 이유는 여러 가지지만, 어쨌든
애인이라고 부를만한 관계는 생기지 않습니다. 솔직히 이
문제 때문에 일할 의욕도 안 생깁니다.

애인이 없어서 일할 의욕이 없다? 책에도 해결책이 전혀 안 나와 고민이다? 그런 일로 투정이나 부리고 있으니 당신에게 애인이 안 생기는 것이다. 어쨌든 가만히 앉아서 내 이야기를 들어라.

연애는 인생에 용감하게 맞선 이들에게 선물로 주어지는 것이다. 영화의 줄거리를 보라. 영웅에게 처음부터 애인이 있었는가? 아니다. 영웅은 위기에 빠진 이들을 악당들에게서 구해낸다. 목숨을 걸고 적과 싸워서 보다 좋은 세계를 실현시킨 영웅에게 영화 마지막에 주어지는 포상, 그것이 바로 '애인'이다. 그런데 당신은 애인을 얻은 다음에 싸움터(일)로 나가려 하고 있다. 안타깝게도 인생은 그렇게 호락호락하지 않다. 당신의 언행을 복숭아동자 이야기로 재현하면 이렇다.

"나는 지금부터 도깨비 섬으로 도깨비를 물리치러 갈 건데, 지금 애인이 없어서 도저히 도깨비를 물리치러 갈 수가 없다. 당신이 애인이 되어 준다면 도깨비를 물리칠 수 있을 것 같다. 그러면 금은보화도 얻을 수 있다. 그러니 내 애인이 되어 달라."

이런 영웅에게는 어느 누구도 공감해 주지 않는다! 게다가 "지금부터 도깨비를 물리치러 갈 건데 애인이 없어서 말이야! 애인을 만들기 위한 정보가 없을까?"라니! 한숨만 연거푸 세 번 쉴 일이다. 화낼 기운도 안 난다.

이쯤에서 다시 질문하겠다. 애인은 이야기의 어디쯤 등장하는가? 그렇다. 바로 이야기의 초반이다. 영웅이 모험을 떠나기로 결심한 순간 장래에 애인이 될 존재도 분명해진다. 이 점이 중요하다. 모험을 떠나기로 결심한 순간에 인연이 나타난다. 당신은 아직 결심도 하지 않았기 때문에 소중한 인연이 나타나지 않는 것이다.

그건 어디까지나 픽션일 뿐이라고 반론을 제기할 수도 있지만, 셰익스피어가 말했듯이 인생은 연극이다. 현실도 진짜 연극처럼 전개된다. 요컨대 애인이 안 생기는 것은 당신이 인생에 맞서고자 하는 결심을 하지 않았기 때문이다. 당신은 부모님의 시선, 친구들의 시선, 세간의 상식 같은 '주변의 시선'만을 의식하고 있다. 당신은 스물아홉이나 된 사람에게 애인이 없다는 사실을 부끄럽게 생각하고 있다. 하지만 내가 보기에는 애인이 없는 것보다, 낭신이 아직 자신의 인생을 시작하지 않았다는 것이 더 중요한 문제 같다.

지금까지 좀 모질게 말했지만…… 사실은 나도 내 또래치고는 오랫동안 애인이 없었다. 29세에 결혼했는데 28세까지 제대로 된 연애 한번 못 해봤다. 나도 당신과 같은 입장이었다. "그렇게 심한 말을 해 놓고……?"라고 분개하고 있나? 상처가 되었다면 미안하다. 사과하는 뜻에서 참고가 될지도 모를 고백을 하나 더 하자면, 나도 여자에게 인기가 없었다! 그야말로 천연기념물이었다!

그런데 지금 돌이켜보며 엄밀히 말하자면 인기가 없었던 것이 아니다. 변명처럼 들릴지 모르지만, 스스로 인기 없는 캐릭터를 선택한 것이다. 나는 여자들이 아무 능력도 없는 남자를 좋아할 리 없다고 생각했다. 사랑을 쟁취하기 위해서는 좀 더 성공해야 한다고 무의식중에 생각했다. 그래서 나에게 호감을 느끼고 접근하는 여자가 있어도 모른 척했다. 반대로 내가 좋아하는 여자가 있으면 질주하듯 그녀에게 빠져들고 말았다. 나는 한번 내달리기 시작하면 멈출 줄 모르는 사람이었다. 그러다가 상대방이 반응을 안 보이면 나 자신이 상처 입을까 두려워 먼저 도망치고 말았다. 한마디로 '연애치'였던 것이다.

당신도 나처럼 마음속에 갈등이 있는 것은 아닌가? 누구에게라도 손 내밀고 싶은 마음이 있지만 실제로 사귄다는 현실에 직면하면 지나치게 신중해져 버리는 갈등 말이다. 자신은 속박되기 싫어하면서 상대방은 자신만 바라보기를 원한다. 이런 갈등은 자신도 깨닫지 못할 정도라서 웬만한 여자가 아니면 그 갈등을 이해할 수 없다.

내가 이런 사실을 알고 있는 것은, 성공한 사람 중에 이런 마음의 갈등을 가진 이가 많기 때문이다. 그리고 여기에 성공한 사람의 비결이 있다. 어려움이나 고독을 극복하고 인생의 쓴맛을 알고 다른 사람들에게 진정으로 너그러워질 수 있을 때 내면의 갈등을 통합시킬 수 있다. 이 갈등, 이 양극단을 통합시킨다면 전체를 끌어안을 수 있는 커다란 힘을 갖게 된다. 이것이 성공하는 사람의 그릇의 크기다. 또 날카롭게 모난 사람이 둥글어진다. 이것을 '원숙'이라고 하는데, 원숙한 사람은 섹시하다는 말을 늘

게 된다.

이런 고민을 하는 사람은 당신만이 아니다. 성공한 사람은 모두 그렇다. 지지 마라! 고독한 것은 당신만이 아니다.

성희롱을 일삼는 사장 때문에
괴로워요

Q

작은 인쇄회사에서 사장 비서로 일하고 있는 스물다섯 살 여성입니다. 최근 사장이 이상하게 집적대는 통에 너무 괴롭습니다. 싫다는 내색을 하는데도 오히려 그것을 즐기는지 행동이 점점 더 과해지고 있습니다. 제 아버지와 사장은 오랜 친구 사이인데, 그 연줄로 입사한 거라 그만두고 싶어도 그만두지 못하고 있습니다. 어떻게 해야 할까요?

너무 끔찍한 이야기여서 술이 다 깰 정도다. 중요한 이야기인 만큼 정신을 바짝 차리고 대답해야 할 것 같다.

그럴 때는 넌지시 말할 것이 아니라 "싫으니까 하지 마세요!"라고 분명하게 말해야 한다. 눈길을 피하지 말고 바위처럼 굳은 표정으로 말해라. 직접 말하기 곤란하다면 믿을 만한 동료나 아버지께 부탁해라. 그래도 개선되지 않는다면 노동조합이나 행정기관에 설치된 여성상담소 같은 공공기관에 의뢰하는 방법도 있다.

비서라는 직책을 생각하면 더 이상 회사에 있기 힘들어질지도 모르지만, 성희롱은 범죄다. 세상을 위해, 그리고 다른 사람을 위해 절대 그냥 넘어가서는 안 된다.

게다가 친구 딸을 성희롱할 정도라면, 그 사람은 제정신이 아니다. 지금 사장은 마가 낀 것이 분명하다. "하지 마세요!"라고 분명히 말했을 때 제대로 된 사람이라면 정신을 차렸을 것이다. 그래도 정신을 못 차리는 사장 밑에서 일하는 건 당신의 재능과 인생을 낭비하는 것이니 즉시 회사를 그만두는 것이 좋다. 분명 옳은 일을 행한 대가로 더 좋은 기회가 찾아올 것이다.

이번 상담과 직접적인 관계는 없지만 성희롱과 회사 성장의 관계에 대한 관찰 결과를 말해야겠다. 성희롱이 이루어지는 데는 시기가 있다. 성희롱은 사업 성장기 후반에 접어들었다는 신호인 경우가 많다.

이유는 이렇다. 성장기 후반에는 너무 바쁜 나머지 실수가 빈번히 발생한다. 자꾸 뒤떨어지면서도 사업 부문의 책임자는 사원을 증가시킨다. 지금까지는 소수 인원으로 어떻게든 문제를 해결해 왔는데도 조직은 갈수록 비대해진다. 그래서 단층이었던 조직이 2층이 되고 중간관리직이 배치되는데, 이 중간관리직이 성희롱의 근원지가 되기 쉽다. 그들은 결재권이 없음에도 불구하고 결과만을 요구받는다. 위에서는 짓누르고 아래에서는 치고 올라오는 위치인지라 사내에서도 가정에서도 누구와도 마음을 터놓고 지낼 수 없게 된다.

그때 마침 일을 배우겠다는 일념으로 열심히 일하는 세상 물정 모르는 순진한 여자 사원이 들어온다. 중간관리직인 그는 그 사원과 있을 때만 고독감을 잊을 수 있다. 사원은 아무 의심 없이 자신의 이야기를 들어주기 때문이다. 그러다가 토요일에 그 사원을 불러 일을 시킨다. 이 것이 성희롱으로 가는 출발점이다. 그다음은 밥 먹고 술 한잔을 하는 사이 취기를 빌려 추태를 부리기도 하고, 그 사원이 아파서 쉬기라도 하면 집까지 찾아가는 등 상식 밖의 부끄러운 행동을 하기 시작한다.

물론 이것은 극단적으로 단순화한 패턴이지만, 내가 강 조하고 싶은 점은 성희롱의 화근은 개인의 지나친 성욕 이라기 보다는 조직의 모순일 수도 있다는 것이다. 그러 므로 매뉴얼을 주고 성희롱을 하지 못하도록 강조해도 근본적인 문제는 해결되지 않는다. 그 모순은 더욱 심각 한 형태 즉, 안으로는 사원의 질병, 밖으로는 조직에 대한 모반이 되어 나타나게 된다.

근본적인 해결책은 성장기 후반에 들어서면 여성 직원 의 능력을 활용하는 것이다. 이 시기에는 조직의 모순이 표면화되기 때문에 사람과 사람 사이의 이해관계를 조정 할 수 있는 여성적 자질이 아주 중요한 힘이 된다. 그런 데도 일반적인 기업에서는 중간관리직에 남성을 앉혀 더 높은 성장을 무리하게 추진하려 하고 그 때문에 역효과를 내게 된다. 지금까지 조직에 고여 있던 고름이 터지게 되는 것이다.

성장기 후반에 들어서면, 앞으로 돌격하는 군대 같은 조직이 아니라 여성을 활용해서 팀워크를 중요시하는 조직으로 바꾸지 않으면 안 된다. 이렇게 하면 사업은 성숙기에 안정적으로 진입할 수 있다.

이 메커니즘을 이해한다면 회사의 성장에 있어 여성의 채용이 필연적이라는 사실을 알게 될 것이다. 그런데 '여성 대우의 불평등을 시정하기 위해 여성을 활용한다'는 것은, 비즈니스의 메커니즘을 근본적으로 이해하지 못했기 때문에 나오는 발상이다. 남성과 여성의 자질을 효율적으로 이끌어내야 사업의 운영이 순탄하게 이루어지고 창조력과 발상력이 발휘될 수 있다. 앞으로는 여성을 활용하는 조직이 성장하게 될 것이라고 믿는 이유가 바로 여기 있다.

당신의 경우는 싱대가 사장이기 때문에 지금까지 말해

온 중간관리직처럼 강제적으로 타인과의 관계를 배제당한 것은 아니다. 아마도 사장은 지금까지는 일 중독에 빠져 가정에 소홀했을 것이다. 그 결과 사업이 안정 궤도에 오른 것은 좋은 일이지만, 자녀들은 다 자랐고 아내와는 더 이상 나눌 이야기가 없어지고 말았다. 집에 돌아가도 자신의 자리가 없고 마음에는 찬 바람만 쌩쌩 불 뿐이다. 그런 찰나에 딸 또래인 당신이 회사에 들어왔으니 딸과 대화를 나눌 수 없는 쓸쓸함을 무의식적으로 당신을 통해 달래 보려고 한 것인지도 모른다.

언젠가 열심히 살았을 사장의 구구절절한 사연은 안타깝지만, 예순이 다 된 남자가 친구 딸을 성희롱하다니! 추악함이 극치를 달린다. 그 행위에 정상참작의 여지는 없다! 단호하게 거절함으로써 자신의 어리석음을 깨닫게 해야 한다.

고 민 하 는   자 만 이
자 신 을   구 한 다

제6장

일과 가정의 행복은
왜 반비례하는가?

가치관의 정립은 머리로 할 수 있는 것이 아니다. 머리로 할 수 있는 일이라면, 정보가 넘치는 만큼 컴퓨터의 키보드만 두드리면 된다. 하지만 무엇이 진실이고 무엇이 중요한지는 컴퓨터 화면을 아무리 뚫어지게 쳐다봐도 알 수 없다.

예전에는 컴퓨터 한 대 한 대가 독립된 것이었다. 따라서 한 대의 컴퓨터에 축적할 수 있는 정보의 양은 오직 하드디스크의 용량에 달려 있었다. 하지만 지금은 세계의 거의 모든 컴퓨터가 인터넷으로 연결되어 있어서 개인 컴퓨터의 하드디스크에서는 찾을 수 없는 정보를 순식간에 찾아낼 수 있게 되었다.

이와 같은 현상이 점차 인간에게도 확산되고 있는 것은 아닐까? 불과 몇 년 전까지만 해도 한 사람 한 사람의 뇌는 독립된 것이었다. 하지만 지금은 동료들의 뇌가 연결되어 있다고 보아야 설명이 되는 일들이 자주 발생하고 있다.

가령 친구와 술을 마시다 보면, 친구의 생각을 자신이 말하고, 자신의 생각을 친구가 말하는 일이 아주 흔하다. 또 직장에서는 무능력한 사원을 해고하기 무섭게 다른 사원의 능력이 떨어진다. 가정에서는 거식증에 걸린 언니가 낫자마자 동생이 우울증에 걸리고 만다. 아무래도 인간은 같은 생활 리듬을 공유하면서 알게 모르게 LAN으로 이어져 서로의 뇌가 교신하고 있는 모양이다.

특히 한 지붕 아래 사는 가족은 가장 긴 시간을 함께 보내기 때문에 뇌의 경계가 애매하다. 자신의 문제는 다른 가족의 문제가 되어 나타난다. 때문에 가장 가까운 존재인 가족의 문제는 보통 일이 아니다. 부모님은 자신의 싫은 부분을 자녀에게서 찾아내고, 자녀는 자신의 싫은 부분을 부모님에게서 발견한다. 친밀하기 때문에 오히려 갈등과 반발이 생긴다. 뿌리 깊은 곳에는 진실한 사랑이 있음에도 불구하고 싸움이 끊이지 않는다.

이런 모순 때문에 우리는 서로 상처를 입고 입혀왔지만, 서로 연결되어 있다는 메커니즘을 이해하기 시작하면 상황은 크게 달라질 것이다. 자신의 문제를 가족 탓으로 돌리는 것은 문제를 서로에게 떠넘기는 것일 뿐이다. 해결되었다고 생각해도 그것은 표면적인 해결에 불과하므로, 틀림없이 가족 중 누군가에게 같은 문제가 발생하게 된다. 하지만 연결되어 있다는 사실을 알게 되면 가족 모두의 저변에 잠재해 있는 문제에 초점을 맞추게 되고, 그로써 비로소 가족 모두가 동시에 치유될 수 있다.

또한 뇌가 연결될 수 있다는 전제하에서는 가족뿐만 아니라 사회 전체에서 헤아릴 수 없이 많은 장점이 파생된다는 것을 알 수 있다. 현재 전 세계에서 발생하고 있는 온갖 문제의 해결을 위해 소수의 전문가가 그 방법을 모색하고 있지만, 그것은 극히 소수의 컴퓨터에서 답을 찾아내려는 것과 별반 다를 것이 없다. 만일 모든 인류의 뇌를 연결할 수 있고 인터넷처럼 누구나 접속할 수 있는

‘사고의 터전’이 마련된다면, 지구 끝에 사는 사람도 문제 해결의 힌트를 얻을 수 있게 된다. 그리고 한 사람 한 사람이 찾아낸 해결책은 사회 전체를 치유할 수 있을 것이다.

고립이 아니라 서로 연결됨으로써 무한대의 가능성을 끌어낼 수 있다. 이것이 앞으로 몇 년 사이에 급속하게 진행될 것이라고 나는 확신한다.

1

불안정한 프리랜서 생활,
해결책은 없을까요?

Q

아내와 두 아이를 둔 마흔넷 전업작가입니다. 최근에 출판
사를 그만두고 작가 일을 시작했습니다. 프리랜서가 된 후
나만의 시간을 가질 수 있게 된 건 좋은데, 종종 직장인 시
절의 혜택들이 아쉬워집니다. 게다가 아이들이 중학생과 고
등학생이어서 돈이 많이 들기 때문에 지금은 어떻게든 돈을
벌어야만 합니다. 미래에 대한 불안감만 점점 쌓이고 있습
니다. 막연한 불안감을 불식시킬 비결은 없을까요?

드라이브도 그렇지만, 인생은 더더욱 행선지가 보이지 않으면 불안해진다. 그러므로 먼저 프리랜서의 전형적인 패턴을 알아 두도록 하자.

예컨대 당신처럼 전업작가로 독립했다고 하자. 처음에는 불안하기도 하지만 막상 시작하고 보니 많은 출판사에서 대우해 주고, 생각보다 일도 많이 들어온다. 직장인 시절에는 매달 급여가 정해져 있었지만, 프리랜서가 되면 고객에게 직접 주문받기 때문에 실제로 받는 금액이 크다. 집에서 일할 수 있으므로 가족과도 더 많은 시간을 보낼 수 있다. 또한 고객 수가 적기 때문에 일 하나하나에 성심성의를 다할 수 있다. 거래처도 당신의 작품에 진심으로 만족한다. "일도 잘되고, 가족도 행복하고. 프리랜서가 되길 참 잘했어!"라고 행복을 음미할 수 있지만, 사실은 지금부터가 운명의 갈림길이다.

작품의 평판이 좋은 만큼 일은 더 많이 들어온다. 처음에는 즐거운 비명이지만, 그것이 점점 진짜 비명으로 변하게 된다. '이 일을 거절하면 다음 의뢰가 오지 않는 건 아닐까?'라는 두려움 때문에 사신노 보르는 사이에 해낼 수 있는 일 이상을 끌어안게 된다. 게다가 프로가 돈에 연연하는 것은 치사한 일이라고 생각하기 때문에 돈은 아무래도 좋다며 경솔하게 일을 수락한다. 이렇게 마감일에 쫓기게 되고, 소홀히 일하지 않았는데도 여기저기서 실수가 발견된다.

그렇게 되면 지금까지 믿고 일을 주었던 거래처에서 "그 사람 요즘 영 아니야. 질이 점점 떨어져!"라는 불만의 목소리가 들리기 시작한다. 꼭 이럴 때일수록 다른 거래처의 입금이 늦어지거나 지불 자체를 떼어먹힌다. 며칠씩 밤을 새워가며 끝낸 일이 물거품이 되는 순간이다. 또 통장을 보면 그렇게 많던 예금이 어느새 바닥을 보이기 시작한다.

그래서 생계를 위해 아무 일이나 가리지 않고 받아들이게 된다. 눈앞에는 일이 산더미처럼 쌓여 있다. 마감에 쫓겨 우울증에 걸릴 것 같지만, 피로회복제로 간신히 버티는 하루하루……. 슬픈 일이 아닐 수 없다. 그토록 좋아하던 일이 고통으로 변했는데 어찌 슬프지 않겠는가?

어떻게 하면 이 패턴을 피할 수 있을까? 크게 세 가지 방법이 있다.

첫째, 브랜드 인사가 된다

압도적인 평가를 받게 되면 지금까지와는 비교도 안 될 정도의 보수가 들어온다. 거기에 관록이 붙으면 강연료나 출연료 같은 뜻밖의 수입도 생긴다. 다만 브랜드 인사가 될 정도의 재능을 가진 사람은 극히 소수에 불과하다.

둘째, 팀으로 일한다

어느 정도 자기의 기술이 성숙하면, 단순한 기술자에서 가르치는 교사로 변모할 시기가 찾아온다. 기술을 혼자서 독점할 것이 아니라 후배에게 전수할 의무가 생겨난다. 어시스턴트를 고용할 단계에 접어든 것이다. 다행히 당신에게 경영능력이 있다면 회사는 안정 궤도에 오르게 된다. 그런데 경영능력이 없다면? 어시스턴트를 채용한 만큼 간접비가 증가하므로 더 많은 일을 받지 않으면 안 되는 사태에 직면할 수 있다.

셋째, 상품 판매를 시작한다

이런저런 생각 끝에 나는 이 방법을 추천하기로 했다.

자유기고가가 상품을 판다는 것은 생각도 못 했을 일이겠지만, 시간 노동에 의존하지 않는 수입을 얻기 위해서는 상품 판매가 강력한 수단이 된다. 당신 같은 작가라면 온라인에서 '작가·편집자 양성 강좌'를 시작해 수입을 얻을 수 있다.

수강생 중에 우수한 학생이 있으면 어시스턴트로 발탁해 쓰기도 하고, 그 학생에게 일을 넘겨줄 수도 있다. 그러면 어느 순간 팀으로 일하는 체제가 성립된다. 또한 상품 판매로 매달 생활비를 안정적으로 벌 수 있게 되면, 하기 싫은 일은 받지 않아도 되고 자신의 재능을 키워줄 일만 하면 된다. 그렇게 되면 천재라고 불리게 될 날이 머지않았다. 즉, 상품 판매를 시작하면 돈도 생활도 모두 순탄히 돌아가게 된다. 꿈같은 이야기로 들릴지 모르지만, 지금과 같은 시대이기에 가능해진 기발한 아이디어다.

프리랜서는 재능이 있는 만큼 당분간은 어떻게든 먹고 살 수 있다. 그러므로 좀처럼 자기 일을 돈 버는 구조로 구축하려 하지 않는다. 하지만 눈앞의 일만 해서는 불안이 좀처럼 사라지지 않는다. 그리고 나이가 들수록 활발한 작업은 불가능해지고 생활에 쫓기게 되며 재능은 바닥을 드러낸다. 그러므로 재능을 다 써버리기 전에 재능을 계승할 구조를 만들어야 한다. 불특정다수의 사람들과 재능을 공유할 상품을 판매할 수 있다……. 이것이 이 시대의 커다란 장점 아니겠는가!

사업이 순조로울 때에는
왜 꼭 가정에 문제가 생길까요?

Q

열두 살 된 아이가 사춘기를 맞아 집에 들어오지 않는 날들이 많아지고 있습니다. 예전엔 중학교에서 벌어졌던 일들이 요즘엔 초등학교에서 벌어지는 것 같습니다. 학교에서는 학급 붕괴가 일어나고 있고, 선생님도 별 도움이 되지 않습니다. 다행히 저의 사업은 매우 순조로운데 가정불화가 심각해 아내도 우울증에 걸리기 직전입니다. 사업이 순조로울 때 저 같은 사업가는 어떻게 가정을 관리해야 좋을까요? 간다 씨는 어떻게 하셨나요?

긴급사태다! 다행히 사업이 순조롭다니 일은 한시라도 빨리 부하직원들에게 맡기고 당신은 집안일에 좀 더 신경 써야 한다. 가정을 지킬 기회는 지금뿐이다. 지금의 상황을 외면한다면 몇 년 안에 더 심각한 문제가 닥쳐올지 모른다. 그러니 지금은 일보다 가정을 최우선으로 삼아야 한다.

가정의 평화를 지키는 것은 왜 이토록 어려운 일이 되어버린 것일까? 새삼 생각할 것도 없이 자유롭고 풍요로워진 덕분에 사는 방식이 다양해졌기 때문이다. 어른도 어떻게 살아야 할지 매일같이 고민한다. 넘치는 풍요 속에서 어떻게 살아야 좋을지 그 누구도 정답을 알지 못한다. 서구사회처럼 종교가 도덕률로서 사회에 깊이 뿌리내리고 있다면, 가정은 여전히 흔들림 없는 축을 가질 수 있다. 하지만 지금 우리 사회는 공통된 도덕관이 사라진 터라 부모가 되어도 자녀에게 무엇을 가르쳐야 할지 모른다.

이이들 입장에서도 어띤 어른을 모넬로 삼아야 좋을지

모른다. 선택사항이 너무 많은 탓에 결국 생각하는 것을 포기하고 만다. 자극적인 만화나 게임에 열중하며 현실에서 도피하기도 하고, 살아갈 희망이 없다며 자살 시도는 끊임없이 반복된다. 큰일이다……. 이것이 아버지의 솔직한 심정일 것이다. 나도 세 아이의 아버지여서 잘 안다.

자녀를 올바르게 키우는 방법은 있다. 게임을 못 하게 하라, 휴대전화를 사 주지 마라, 운동을 시켜라, 자연과 많이 접하게 하라, 부모의 위엄을 지켜라, 보호자로서 감정을 안정적으로 유지해라, 아침밥은 반드시 먹여라, 조미료가 많이 든 식품은 자주 먹이지 마라, 일찍 잠자리에 들게 하라, 자녀교육에 좀 더 관심을 가져라, 아이에게 지나치게 간섭하지 마라 등등. 분명 맞는 말이다. 하지만 요술 방망이라도 있다면 모를까, 현실적으로 생활비는 어떻게 하면 좋단 말인가? 일의 중압감과 가정에 대한 책임감이 한꺼번에 자신을 짓눌러 온다. 아버지도 가끔은 약한 소리를 하고 싶다.

내 경험을 예로 들어 가르쳐달라고 했으니 가능한 한 솔직하게 이야기하겠다. 그야말로 폭풍우 같은 날들이었다. 앞서 말했듯 나는 세 명의 자녀를 두고 있는데, 위의 두 아이가 사춘기일 때 셋째가 태어났다. 아내는 나중에서야 그때는 육아 노이로제에 걸리기 직전이었다고 토로했다. 당시 나는 사업이 급성장하던 시기여서 정신 없이 사느라 아내가 그렇게 힘든 상황인 줄도 몰랐다. 주말에도 머릿속은 온통 일 생각뿐이었고, 아이들을 공원에 데리고 가는 것만으로 아버지의 책임을 다했다고 믿었다.

그런데 큰아이에게 게임기를 사 준 뒤로는 나도 간섭하지 않을 수 없게 되었다. 아이는 게임에 심취해서 하루 30분만 하겠다던 약속을 지키지 않았다. 장시간 게임을 하면 일시적으로 '게임 뇌'—비디오 게임을 오래 한 아이의 뇌파가 치매 상태와 같은 것을 말한다(옮긴이 주)— 상태가 된다. 게임기를 빼앗으면 화를 못 이기고 날뛰었다. 지금은 아이가 다 커서 프라이버시 때문에 더 이상 자세하게 말할 수 없지만, 정말 심각했다. 솔직히 게임기 회사에 전화해서 "왜 이따위 악마 같은 노구를 개발했느냐?"라고 따지고 싶을 정도였다.

"게임보다 더 재미있고 현실감 있는 자연을 체험시키면 된다"라는 것이 육아에 정통하신 분들의 충고였다. "아버지는 산에 가서 장작을 패고 물고기를 낚아 가족들과 사이좋게 나누어 먹으며 대화를 나눈다. 아이들은 그런 듬직한 아버지를 모델로 삼지, 하루 종일 컴퓨터만 두드리고 있는 사람은 아버지라고 생각하지 않는다."

정말 옳은 말이다. 그래서 더욱 자기혐오에 빠진다. 그것이 아버지의 필요조건이라면 나는 아버지로서 실격이다. 솔직히 말하면 나는 장작을 패지도, 낚시를 하지도 못한다. 어린 시절부터 공부에만 푹 빠져 있었기 때문에 자연 속에서 듬직한 아버지의 모습을 연출하기 위해서는 어린 시절부터 다시 살지 않으면 안 된다. 아버지로서 당연히 해야 할 일도 못 하는, 그런 변변치 못한 인간이 나다.

당신도 내심 '나도 변변치 못한 아버지로구나'라며 초조해하고 있는가? 하지만 안심하시라. 완벽한 아버지 같은 건 세상에 없다. 같은 육아 전문가에게 "잔디 깎기도 좋고 세차도 좋다. 무슨 일이든 몸을 움직여 함께하는 것이 중요하다"라는 말도 들었다. 할 수 있는 일부터 하면 되지 않겠는가? 당신이 평소와 다르게 몸을 움직이고 있으면 아이도 무슨 일인가 싶어 당신에게 다가설지 모른다.

그렇다고 무리할 필요는 없고 함께 무엇이든 하려고 노력하는 것이 중요하다. 커뮤니케이션은 거기서부터 시작된다. 세차는 세차장이나 주유소에 가서 돈만 내면 쉽게 할 수 있지만, 이런 효율성을 무시한 활동도 당신 스스로 일 중독이 되지 않기 위해 필요하다.

오래도록 일과 가정의 균형을 무시하던 아버지가 갑자기 가정으로 돌아오면 처음에는 외면당할 수 있다. 당신이 가정을 관리하겠다고 나서도 가족이 외면할 것이다.

우선은 집에서 무슨 일이 벌어지고 있는지 아내의 이야기를 들어보도록 해라. 아내는 원통하고 분한 심정을 토로하겠지만, 당신이 그것을 받아주기만 한다면 아내는 곧 개선될 것이나.

아이들과는 쉽게 이야기가 풀리지 않겠지만 신경 써서 지켜보면 진심으로 대화를 나눠야 할 순간이 언제인지 알게 될 것이다. 그런 때를 놓치지 말고 아버지로서의 본분을 발휘하길 바란다. 그런 귀중한 순간을 놓치지 않기 위해서라도 우선은 가정에 비중을 두도록 한다.

솔직히 나도 일과 가정의 균형을 깨고 일 중독에 빠져 살기 일쑤다. 가끔 정신을 가다듬고 아이들과 함께 등산을 가기도 한다. 그런 가운데 내가 느끼는 것은 대체로 일가족 단위로는 상황을 개선하기 어려우니 역시 외부와의 연대가 필요하다는 것이다. 옛날에는 공동체 내에서 아이를 키웠고, 아이들을 지켜봐 줄 어른이 많아서 필요한 때에 꾸짖기도 하고 칭찬도 하고 도움을 주기도 했다. 아이도 커갈수록 부모님이 아닌 다른 어른과의 관계를 필요로 하고 그것이 훨씬 재미있기도 하다. 그랬는데 지금은 학교뿐이다. 게다가 선생님은 학부모들이 두려워서 아이들을 방치한다.

가정에는 여전히 어머니와 아이들뿐이다. 주말에만 아

버지 역할을 하는 것에는 한계가 있다. 가족 단위로 사귈 수 있는 사람들을 많이 만드는 것이 좋지만, 그게 어렵다면 가족요법 전문가나 심리상담사가 주재하는 워크숍이나 카운슬링 등에 참가해 보는 것도 좋을 것 같다. 처음에는 당신 혼자여도 좋다. 그러다 차츰 부인과 함께 치료를 받아보고, 아이들도 함께 워크숍에 참가해 본다면 답이 보일 것이다.

나는 지금도 여전히 자녀 양육에 서툴다. 아내나 아이들 입장에서 보면 이상적인 아버지와는 거리가 멀다. 하지만 미숙한 대로 내가 깨달은 것은 가정에서 도망치지 않는 자세가 중요하다는 것이다. 그래서 평소에 뭘 해 줄수 있는 것은 아니지만 부끄러운 뒷모습을 보이지 않기 위해 부단한 노력을 하고 있다.

지금 당장은 아니더라도 40년 후에는 이해해 줄 것이라고 믿고 나름대로 일과 가정에 충실하고자 노력한다. 그러니 아버지들이여, 다 같이 힘을 냅시다!

아이가 어려운 질문을 하는데
뭐라고 대답해야 좋을까요?

Q————————————————————

중학교 1학년인 딸아이가 "아빠, 인생이란 뭐예요?", "수학은 무엇을 위해 공부해요?"라고 물어왔는데 순간 대답할 말이 떠오르지 않더군요. 이럴 때 부모로서 뭐라고 대답해 주면 좋을까요?

————————————————————

이럴 때 꼭 맞는 방법이 있다. 키워드는 '사랑'이다.

천장을 올려다보면서 눈을 껌벅거리며 대답하면 된다.

"아빠, 인생이란 뭐예요?"

"그건 사랑이란다."

"아빠는 무얼 위해 일하세요?"

"글쎄, 그건 사랑을 위해서란다."

"수학은 무엇을 위해 공부하나요?"

"바로 사랑을 위해서지."

가족들은 어이없어할지 모르지만, 그래도 그 상황은 모면할 수 있을 것이다.

이번에는 응용편을 소개하겠다. 눈앞에 있는 것을 적당히 말하는 것이다.

"아빠, 인생이란 뭐예요?"

"음, 참 좋은 질문이구나. 인생이란 말이지……."

이 시점에서 주위를 둘러본다.

"이 밥그릇 같은 것이란다."

"왜요?"

"가득 찬 것처럼 보이지만 어느 틈엔가 사라지고 말거든."

터질 것 같은 웃음을 꾹 참고 마음속으로 다섯까지 센다. 그러면 딸은 아버지의 대답을 이해할 수 있을 것이다.

한 가지 더 예를 들기로 하자.

"아빠, 인생이란 뭐예요?"

"음, 너도 어른이 다 되었구나. 인생이란 말이지, 젓가락 같은 것이란다."

"왜요?"

"작은 것을 집기는 어렵지만 그것이야말로 가치 있는 일이거든."

입에서 나오는 대로 하는 말이지만 그 순간은 어떻게든 아버지의 깊이를 일깨울 수 있다. 농담 같은 이야기지만 그래도 납득이 안 가는 이야기는 아니지 않은가?

신혼집을 매매할지,
임대할지 고민이에요

Q

갓 결혼한 30세 직장인입니다. 부모님께서 계약금을 대줄 테니 빨리 집을 사라고 하십니다. 그런데 나중에 이사하기 어려울지도 모르고, 앞으로의 금리 인상 등 위험한 일이 생길지도 모르지 않습니까? 이런 것을 모두 고려하면 집을 매매해야 할지, 전세로 살아야 할지 고민됩니다.

경제적 합리성을 생각하면, 앞으로 인구 감소가 진행되

는 사회에서는 언젠가 분명히 땅값이 떨어질 것이다. 그러므로 30년 융자를 받아서 집을 산다는 것은 바보 같은 선택이다. 하지만 그 이전에 '부모님께 계약금을 받아서 집을 살까?'와 '평생 전세나 월세로 살까?'를 놓고 고민하고 있는 단계에서 이미 큰 착각을 하고 있다고 생각한다.

애초에 당신은 어떤 기준으로 집을 고를 생각인가? 손익만 계산하면 가족이 황폐해진다. 어떤 집에 살 것인가는 개인의 가치관 문제이니 강요할 생각은 전혀 없지만, 살 집을 선택할 때 적어도 다음의 세 가지는 검토하길 바란다.

첫째, 부모에게 의존하지 않고 자립할 수 있는가?

대부분의 남자는 아버지를 능가하는 것이 인생의 목표다. 그래서 때가 되면 아버지의 보호 아래에서 벗어나 자신만의 길을 개척하는 모험에 나선다. 장애물을 넘고 힘을 기른 뒤 자신의 일상으로 돌아온다. 그것이 남자의 매력을 만드는 길이다. 그것이 없다면 아내에게도 자식에게도 존경받지 못한다.

만일 부모님의 도움으로 살기 좋은 집을 제공받는다면

가족들은 기뻐할지도 모른다. 당신은 늘 상냥한 남편이고 현명한 아버지일 것이다. 세간에서는 그것을 생활력 있다고 하겠지만, 내 가치관은 다르다. 나는 부모님께 돈을 받을지 말지 고민하는 모습을 자식에게 보이고 싶지 않다.

둘째, 유행에 휘둘리고 있지는 않은가? 허영을 부리고 있지는 않은가?

나도 옛날에는 도심의 초고층 아파트를 동경했다. 연예인이 사는 것 같은, 20억 원은 하는 그런 아파트 말이다. 그런 곳에 살 수 있다면 참 좋을 것 같았다.

하지만 실제로 아이가 태어나고 보니 그런 건 아무래도 상관없다고 생각하게 되었다. 중요한 것은 전철역에서 가까운지, 가격은 얼마나 하는지, 몇 평이나 되는지 하는 그런 문제도 아니다. 인간적인 연대감이 있는 곳에서 살 수 있느냐 없느냐이다. 내가 사는 동네에는 공원이 있고, 사찰이 있고, 오래된 정겨운 상점가가 있다. 이웃 중 누가 돌아가신 걸 알게 되면 장례식에 찾아가 명복을 빌어준다. 마을 축제가 열리면 아이들은 솜사탕을 사러 가고 줄다리기를 한다. 이런 당연한 일들이 가능한 공동체가 있는지, 보다 인간적인지, 보다 땅에 가까운지 등의 사항을 고려해보자. 하늘에 가까워지는 것은 일터 하나로도 충분하다.

셋째, 위급한 상황이 닥쳤을 때 소중한 사람의 마지막을 지켜볼 수 있는가?

사는 데 있어 가장 중요한 일 중 하나가 임종을 지키는 것이다. 가족의 임종을 곁에서 지켜주지 못하면 자신도 납득할 수 없는 죽음을 맞게 된다. 사람들은 대개 부모님의 임종을 지켜보면서 죽음에 대한 준비를 시작한다. 인간의 생이 얼마나 덧없는지, 타인에게 폐를 끼치지 않고는 살 수 없는지를 죽음을 통해 배운다.

지금의 주택은 죽음을 거부한다. 죽음의 장소는 병원이 되어버렸고, 죽음은 그렇게 격리되고 있다. 하지만 중요한 사람의 죽음을 지켜볼 수 있는 것은 운(좋은 운, 나쁜 운 모두)을 계승하는 것이다. 지금의 주택에서는 어려운 일이지만, 그렇다고 이런 중요한 것을 잊어도 좋다는 것은 아니다.

일단 세 가지만 들었지만, 도저히 수치화할 수 없는, 인간으로서 고려해야 할 사항들이 많다. 이것을 잊어버리고 손익계산만으로 집을 선택한다면, 훗날 주택 풍수라도 보게 되었을 때 자주성이 없다느니 아버지의 존재감이 희박한 집이라느니 하는 소리를 듣게 된다. 주택 풍수는 놀랍게도 집주인의 상황을 여실히 보여준다. 주택 풍수 전문가가 되면, 집의 배치만 보고도 그 주인이 어떤 가족관계를 가지고 있으며, 과거에 무슨 일이 있었는지 그리고 앞으로 어떤 일이 벌어질지 기막히게 알아맞힌다. 즉, 사람은 자신의 정신 상태를 기막히게 잘 표현하는 배치의 집을 무의식적으로 선택하게 된다. 집을 만나는 것도 우연이 아니라 필연이다.

문제는 집과의 만남이 실패였다고 해서 즉시 이사할 수는 없다는 것이다. 일단 어떤 집에 입주하게 되면 그곳에서 몇십 년을 사는 경우가 많다. 그런 경우 주인의 운명이 그 집의 배치에 영향을 받게 된다. 다시 말하면 배치는 에너지원이고, 사람은 그 에너지원에서 좀처럼 도망가지 못한다. 자석이 묻은 바닥에서 빙글빙글 춤추는 오르골의 인형처럼 그곳을 몇 년 동안 쳇바퀴 돌 듯 돌게 된다.

그만큼 집을 짓거나 살 때 어떤 정신 상태인가가 중요하다. 그것은 당신의 미래에 영향을 미친다. 그러므로 손익계산만으로 집을 고르지는 않았으면 한다. 왜냐하면 손익만을 계산해 집을 고를 경우, 앞으로 모든 것을 손익으로 결정하는 것이 가족의 가치관이 되어버리기 때문이다. 그러면 당연히 상속 문제에 직면했을 때 가족 모두가 자신의 손익을 따지며 싸움을 벌이게 될 것이다. 정산표를 펼치기 전에 마땅히 해야 할 일을 잘하고 있는지, 그것부터 생각해야 한다.

아이를 어떻게 키우면 좋을까요?

Q

아이를 어떻게 키워야 할지 고민스럽습니다. 엄격하게 키울까? 너그럽게 키울까? 아니면 조기교육(어학과 창업 교육을 포함)에 열성적인 부모가 될까? 도무지 모르겠습니다. '요즘 같은 시대에 아이를 낳는 것은 아이에게 못 할 짓이다'라는 목소리도 들리는데, 저는 오히려 한 명이라도 더 많이 낳고 싶습니다. 다만 교육방침을 어떻게 잡아야 할지 모르겠습니다. 어떻게 하면 좋을까요?

지금은 대전환기다. 앞을 내다볼 수 없는 것이 당연하다. 급커브를 돌고 있는 도중이라 이 시점에서 정답처럼 보이는 교육방침이 아이가 어른이 되는 20년 후에는 잘못된 교육방침이 될지도 모른다. 중요한 것은 10~20년 후의 세상에서 어떤 인간상을 필요로 할 것인가 하는 점이다. 여기에 주안점을 둔다면 어렴풋하게나마 교육방침이 보일 것이다.

"10년 앞, 그것도 모자라 20년 앞을 내다보라니 그게 될 말인가?"라는 반론이 있겠지만, 여기서 중요한 것은 이론이 아니라 지금 어른들이 미래를 어떻게 내다보고 있는가 하는 것이다. 어른이 나아갈 방향을 알지 못하면 아이들이 미래를 지향할 수 없기 때문이다.

그래서 오해를 무릅쓰고 나의 의견을 말하자면 이렇다. 지금 우리가 절대적이라고 믿고 있는 것들은 뒤바뀔 것이다. 나는 일본의 근대사가 70년 주기로 돌아가고 있다고 본다(70년 주기설은 펀드매니저인 오타케 신이치에게 투자 판단의 지표로 가르침받은 것이다). 이 주기를 전제로 하여 생각을 굴리면, 약 70년 전인 1937년에는 중일전쟁의 발단이 된 노구교(盧溝僑) 사건이, 약 140년 전인 1867년에는 메이지유신이 있었다. 이 두 사건 모두 그로부터 10년도 지나지 않아 제국주의가 민주주의로 바뀌고, 막부 체제가 근대 국가로 돌변했던 격동기를 맞았다. 이런 역사 주기를 생각하면, 지금의 세상도 10년 안에 송두리째 뒤바뀌지 않을까 하는 추측이 가능하다.

이처럼 가치관이 격변하면 한때의 영웅이 전범(戰犯)으로 전락할 수도 있다. 전쟁이 일어나기 전 부모들은 자식이 "나는 나중에 커서 육군 대장이 될 테야!"라고 하면 흐뭇한 표정으로 웃었다. 부모님의 기뻐하는 얼굴을 보며 영웅을 꿈꾸었던 아이들은 영락없이 전범이 되었다. 그래서 자기 자식을 전범으로 만들고 싶지 않다면 생각해 봐야 할 과제가 있다. '10년 후에는 도대체 무엇이 어떻게 바뀔까?'라는 것이다.

답은 아마도 지금 가장 높은 위치를 차지하고 있는 것, 그리고 가능하면 우리가 가장 놓치고 싶지 않은 것일 확률이 높다. 그것은 미국 주도의 국제 체제일 수도 있고 과노한 자본수의일 수도 있다. 머지않아 물질지상주의가 정신지상주의로 바뀌게 될지도 모른다. 하지만 이처럼 예상할 수 있는 예상은 빗나가게 되어 있으므로 무슨 일이 벌어질지 솔직히 나도 모른다. 그래서 나도 어떻게 아이들을 키워야 할지 고민이지만, 조심스럽게나마 내가 어떤 교육방침을 세우고 있는지 소개하도록 하겠다.

먼저, 아이에게는 창업교육이 필요하지 않다. 왜냐하면 지금 세상에서 영웅시되고 있는 물질지상주의자는 다음 시대에는 '전범'이 될 가능성이 높기 때문이다. 이미 그 징후는 나타나고 있다. 서구의 성공한 비즈니스맨들은 비즈니스맨이라는 이미지와 거리를 두고, 자신은 어쩌다 비즈니스라는 공간에서 자기표현을 한 창조자라는 이미지를 새롭게 갖기 시작했다.

에도 시대에 관학으로 자리했던 주자학은 이익 추구가 인간을 타락시킨다고 보았기 때문에 상인을 영웅시하는 일 같은 것은 없었다. 1890년대에 기계공학이 발전하기 전까지 상인은 시대를 만드는 과정의 조연에 불과했다. 즉, 지금으로부터 10년 이내에 시작될 새로운 역사 주기의 초기에 활약할 영웅은 분명 비즈니스맨은 아니다. 오히려 돈이라는 가치관을 배제한 사람들이 무대의 전면에 서게 되지 않을까. 나는 이렇게 추측하고 있다.

앞으로 10~20년 후에는 기존의 가치관이 사라지고, 새로운 가치관을 구축하는 작업이 이루어질 것이다. 그때 가장 필요한 것이 비전이다. 즉, 미래를 내다보는 힘과 그 이미지를 실현시킬 힘이 요구된다. 바꿔 말하면 앞으로의 세상을 살아갈 힘은 돈을 버는 힘이 아니라, 상상하고 실현하는 힘이다.

그리고 새로운 시대를 창조함에 있어서는, 예전처럼 관료가 위에 서서 주도하는 방식이 아니라 수평 조직이 시너지 효과로 민첩하게 현실을 구축하는 방식을 취하게 될 것이다. 그때 필요한 것은 다양한 재능, 다시 말해 언어나 논리의 재능뿐만 아니라 미술, 음악, 운동, 사교, 혹은 영적 감성 같은, 지금까지의 학력 사회에서는 중시되지 않았던 재능의 소유자를 하나로 통합시키는 힘이다.

이 같은 미래상을 전제로 하면, 일단 어릴 때는 여러 가지 경험을 쌓게 하는 것이 무엇보다 중요하다. 그렇다면 현재의 가치관에 얽매여 명문대학 진학률만을 목표로 삼는 학교는 실격이다. 오히려 예술이나 운동처럼 지금의 학력 사회에서는 그다지 중시되지 않는 분야에 주력하는 학교가 미래를 살아갈 힘을 가진 아이들을 키우고 있다고 할 수 있다.

이처럼 시대의 흐름을 근본부터 이해하면, 엄격한 아버지든 너그러운 아버지든 그런 것은 아이에게 아무래도 상관없는 것이 된다. 그보다 중요한 것은 아이에게 꿈이 있는 미래를 보여줄 수 있느냐는 것이다. "미래에는 활약할 수 있는 분야가 이렇게 넓다. 너는 정말 가치 있는 시대에 태어났구나!"라고 가르쳐 주는 것이 중요하다.

나는 아이들에게 그들이 지금 열중하고 있는 것이, 어른이 되었을 때 어떤 식으로 사회와 연결될 것인가를 재미있게 이야기 해 주고자 노력하고 있다.

"흠, 요즘 나오는 게임은 정말 대단하구나! 네가 어른이 될 때쯤에는 닌텐도 게임으로 의사가 의료 기술을 배우고, 변호사가 교섭 기술을 배우는 세상이 되어 있겠지?"

"우와, 게임의 통신 기능으로 전 세계의 누구와도 대전할 수 있구나! 네가 어른이 될 때쯤에는 게임으로 대전을 하듯이 전 국민이 하나가 되어 아주 멋진 일을 하게 되겠지?"

어른에게 게임은 골칫거리다. 하지만 어른이 아무리 싫어해도 아이들이 열중하는 것이 다음 시대를 만들어간다. 한때는 영화를 보면 불량하다고 했고, 만화를 보면 바보가 된다고 했다. 그랬던 것이 지금은 정부가 가장 힘을 쏟고 있는 콘텐츠 산업이 되었다.

게임 뇌 문제의 심각성을 들으면 불안하긴 하지만, 이제 게임을 하지 않는 아이는 극소수에 불과하다. 10~20년 후에는 게임 뇌를 가진 사람들이 정상적인 뇌를 가진 사람들의 상상을 초월하는 것을 만들어낼지도 모른다. 어떤 것이 되었든 빛을 받으면 상대적으로 어둠이 생겨나게 마련이다. 모든 어둠을 없애려고 하면 동시에 새로운 시대를 형성할 에너지원까지 말살할지 모른다.

그러므로 아이들이 열중하는 것을 부정할 것이 아니라 그것이 어떤 식으로 찬란한 미래와 연결될지, 어떻게 하면 아이들이 어둠에 잠식되지 않을 수 있는지 가르쳐 주어야 한다.

요컨대, 아이들이 어른이 되는 것을 나쁘게 생각하지 않도록 하는 것, 그것이 우리 집 교육방침이다. 부족하지만 참고가 되었기를 바란다.

6

세대 간 소통의
중요성에 대해 알고 싶어요

Q ────────────────────────────

최근 세대 간의 종적인 커뮤니케이션이 줄어들고 있다는 생각이 듭니다. 또 주위를 둘러봐도 커뮤니케이션이 서툴다는 사람이 많은 것 같습니다. 간다 씨의 종적인 커뮤니케이션에 대한 생각과, 지금 우리 젊은이들이 윗세대에게서 배워야 할 교훈에 대해 가르쳐 주세요.

───────────────────────────────────

인류학자 재레드 다이아몬드Jared Mason Diamond는 마야, 이스터아일랜드 등 역사에서 소멸한 문명을 자세히 조사하여 문명 붕괴의 공통적인 패턴을 발견했다. 과연 붕괴한 문명과 번영한 문명의 차이는 무엇일까? 그는 1만 3000년의 인류 역사를 검증한 결과 이런 결론을 내리고 있다.

"사회가 성공하느냐 실패하느냐는 전환기에 어떤 가치관을 유지하거나 버리고 새로운 가치관으로 대체할 것이냐에 달려 있다."(《문명의 붕괴Collapse: How Societies Choose to Fail or Succeed》)

당신도 지금 시대가 대전환점에 와 있음을 실감하고 있기에 이런 질문을 한 것이겠지만, 재레드 다이아몬드의 연구 결과를 보면 우리가 지금 해야 할 일이 명확해진다. 그것은 과거의 가치관을 돌아보고 앞으로의 시대에 필요하지 않을 가치관은 버리고 필요한 가치관은 계승하여 새로운 시대에 적합한 가치관으로 만들어내는 것이다.

이 작업을 진행하기 위해서는 가치관을 총복습해야만 하기 때문에, 세대를 뛰어넘어 지금을 함께하는 모든 세대의 협력이 필요하다. 이 중에서 특히 시급한 과제는 전

중(戰中)·전후 세대의 삶의 지혜를 제2차 베이비붐 세대(1971~74년 출생한 세대)가 계승하는 일이다.

왜냐하면 역사를 70년 주기로 보았을 때 전중·전후 세대 그리고 제2차 베이비붐 세대는 같은 '영웅 시대'에 속하고, 새로운 시대를 개척할 영웅이 될 자질을 가지고 있기 때문이다. 그래서 나는 제2차 베이비붐 세대가 중심이 되는 젊은이들을 모아 칠팔십 대 어르신들과 인터뷰하게 함으로써 그분들의 살아온 지혜를 계승하도록 하는 '리빙히스토리'라는 비영리프로젝트를 추진하고 있다.

너무 급하게 설명한 것 같은데, 세대가 어떻게 역사를 만들어 가는지에 대해 보다 자세하게 설명하도록 하자. 앞에서도 말했듯이 나는 일본의 근대사를 70년 주기로 나누고 있다. 그간의 주기는 '영웅시대', '실무자 시대', '관리자 시대', '방랑자 시대'(이상은 자질을 주축으로, 《Generations》(윌리엄 스트라우스, 닐하우 공저)를 참고하여 내가 이름 붙인 것이다), 이렇게 넷으로 분류할 수 있다. 또 이들 각각의 주기는 다시 17~18년(70년의 4등분) 단위로 나뉘어 역사를 잇고 있다. 그 이유는 인간에게 착안점을 두고 그 인간이 처한 환경에서 어떻게 행동하는가를 상상해 보면 금방 알게 될 것이다.

차례대로 설명하면 '영웅 시대'에는 아무것도 없는 시점에서 새로운 가치관을 창조한 사람들이 주목받는다. 아무것도 없는 만큼 무에서 유를 창조할 수 있는 사람이 중요하다. 전후 세대를 예로 들면, 소니의 이부카 마사루와 혼다의 혼다 소이치로를 중심으로 한 제조업의 경영자를 들 수 있다.

그렇다면 그들의 한 세대 아래는 어떤가? 이미 상품은 존재하고 있으니 선배와 싸운다고 될 일이 아니다. 그래서 새로운 것을 만드는 대신 이미 만들어진 것을 확장해 나갈 사람이 필요해진다. 그러므로 다이에의 나카우치 이사오나 이토요카도의 이토 마사토시를 비롯한 유통업계 경영자가 시대의 총아가 되었다. 나는 그들을 '실무자'라고 부른다.

유통이 정비되고 상품이 전국으로 확산되면, 이번에는 사업을 효율적으로 관리하는 사람이 주목받게 되므로 오마에 겐이치를 비롯한 경영 컨설턴트 등의 관리자가 활

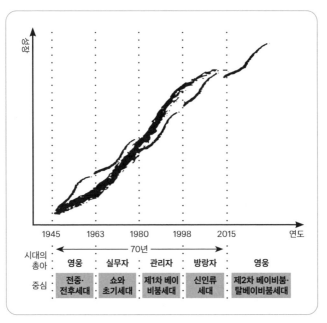

시대의 총아

시대의 총아	영웅	실무자	관리자	방랑자	영웅
중심	전중· 전후세대	쇼와 초기세대	제1차 베이 비붐세대	신인류 세대	제2차 베이비붐· 탈베이비붐세대

* 탈베이비붐 세대: 1975년 이후에 출생한 세대(옮긴이 주)

약하게 되었다.

이렇게 해서 경제가 성숙기에 접어들고 난 후에는 다음 세대가 나설 틈이 없어지기 때문에 정체된 현상을 타파할 인재가 주목 받게 된다. 소프트뱅크의 손정의나 라쿠텐의 미키타니 히로시가 그렇다. 나는 그들을 '방랑자'라고 부른다.

나는 이 '방랑자 시대'가 1998년에 시작되어 2015년까지 약 8년간은 계속될 것으로 봤다. 그리고 방랑자가 총아로 주목받게 될 시기도 이미 반환점에 와 있기 때문에 우리는 기존의 가치관을 타파하는 것 말고도 다음 시대에 적합한 가치관을 창조해야 할 시기에 들어서 있다.

타파하는 단계에서는 세대 간의 갈등이 필요하다. 예컨대 '이마에 땀방울을 흘리며 일하라'라는 의견과 '그보다 비즈니스 모델이 중요하다', '돈을 버는 것이 나쁜 일인가?'라는 의견, 그리고 '돈보다 중요한 것이 있다'라는 의견의 충돌은, 우리가 의식하지 못한 채 가지고 있던 가치관을 부각하는 데 도움이 되었다.

하지만 슬슬 충돌 단계에서 벗어나 같은 테이블에 앉아 서로의 차이를 존중하고 수용하고 이해할 때가 되었다. 구체적으로는 각 세대가 어떤 시대를 살았고 어떤 지혜를 획득해 왔는지, 그 지혜를 어떻게 계승할 것인지, 세대를 초월한 커뮤니케이션을 통해 새로운 시대에 필요한 가치관을 정립하는 것이 중요하다.

가치관의 정립은 머리로 할 수 있는 것이 아니다. 머리로 할 수 있는 일이라면, 정보가 넘치는 만큼 컴퓨터의 키보드만 두드리면 된다. 하지만 무엇이 진실이고 무엇이 중요한지는 컴퓨터 화면을 아무리 뚫어지게 쳐다봐도 알 수 없다. 변화는 디지털 정보를 통해서가 아니라 사람과 사람의 물리적인 접촉을 통해서 이루어진다. 사람과 접촉한 순간 그 에너지에 감화되어 당신의 껍데기에 금이 간다.

새로운 시대를 위한 가치관을 만들 단계로 접어든 지금, 우리가 선조들에게서 계승해야 할 것은 정보가 아니라 그들의 육신과 접촉했다는 기억이다. 숨결을 느끼고 육성을 듣는 순간 그들의 에너지가 우리 몸속으로 전해온다. 지금으로부터 한 주기 이전의 시대에 살았던 '전전(戰前)·전중 세대'의 육성을 들을 수 있는 시간이 안타깝게도 얼마 남지 않았다. 그러므로 당신이 중요하게 생각하는 종적인 커뮤니케이션에 대해 나 역시 문명 존망의 분수령이라 생각하고 열과 성을 다하고 있다.

제7장

모든 애벌레는
나비를 품고 있다

많은 사람들이 고통과 장애에 지나치게 힘겨워하는 것은 자신이 나비가 될 존재라는 것을 모르기 때문이 아닐까? 앞으로 고민거리가 생기면 '나는 번데기다'라고 생각해 보자. '머지않아 나비가 될 텐데 나는 어떤 나비가 될까?'라는 질문에 대답해 보자.

여기 한 편의 이야기가 있다.

어느 날, 한 애벌레가 고민하고 있었다.

"보석처럼 하늘을 날고 있는 아름다운 나비로 태어나고 싶었는데……. 왜 나는 항상 작은 나뭇가지 위에 매달려 있어야만 할까?"

친구 애벌레가 말했다.

"무슨 소릴 하는 거야? 우린 날개가 없으니까 어쩔 수 없잖아. 그리고……."

친구는 조금 떨어져 있는 나뭇가지를 의식하며 말했다.

"나비가 되려고 하는 녀석들은 모두 저렇게 주머니 속에 갇히고 만단 말이야!"

무서운 주머니였다. 갈색으로 변색된 것이 꼭 미라 같다. 친구가 잘난 체하며 말했다.

"저게 바로 나비가 되려고 했던 녀석들의 말로야. 저렇게 보기 흉한 모습으로 괴로워하면서 죽고 말지.”

애벌레는 언짢은 얼굴로 고개를 끄덕였다.

“알았어, 다시는 그런 꿈을 꾸지 않을게!”

“그럼, 그래야지! 가끔 우릴 습격해 오는 해충만 피하면 눈앞에 있는 나뭇잎은 얼마든지 먹을 수 있어. 그게 현명한 거야.”

우리 인간도 애벌레와 다르지 않다. 인생을 살다 보면 번데기가 될 시기가 찾아온다. 죽은 것 같은 모습이지만 나비가 될 준비를 차근차근 해나가는 것이다.

번데기 시기는 인간의 경우 고뇌, 고통, 장애의 모습을 띤다. 이 변화를 억제하려고 하면 번데기 시기는 아주 고통스러운 것이 된다. 나비가 될 줄 모르기 때문에 왜 나만 이렇게 불행하냐고 세상을 원망하고 싶어진다. 하지만 원망하면 할수록 몸과 마음이 혼란스러워져 나비로의 탈피에서 멀어지고 만다.

많은 사람들이 고통과 장애에 지나치게 힘겨워하는 것은 자신이 결국 나비가 될 존재라는 것을 모르기 때문이 아닐까? 앞으로 고민거리가 생기면 '나는 번데기다'라고 생각해 보자. '머지않아 나비가 될 텐데 나는 어떤 나비가 될까?'라는 질문에 대답해 보자. '나는 나비가 될 수 없다'라고 생각할지도 모르지만, 일단 나비가 되고 나면 애벌레였다는 사실조차 잊어버리게 된다.

나비와 애벌레의 차이가 무엇인가? 애벌레는 제 입으로 나뭇잎을 먹기만 하지만, 나비는 꿀을 빨아먹고 꽃가루를 운반한다. 꽃가루를 멀리 가지고 가 새로운 장소에서 열매를 맺고 새로운 싹을 틔우게 한다. 나비는 중개자가 되어 주위에 풍요로움을 배달한다. 그렇기 때문에 더

더욱 자신이 나비가 될 수 있는 존재라는 사실을 빨리 깨

달았으면 한다.

1

감사하는 마음으로 화장실 청소를 하면 정말로 일이 잘 풀릴까?

Q————————————————————————

최근 청소에 관한 책이 20만 부나 팔렸다는 이야기를 들었습니다. 마침 한 세미나에 갔다가 화장실 청소를 하면서 '감사합니다'라고 말하는 것이 성공 비결이라는 강연자의 이야기를 듣고 그날부터 꾸준히 화장실 청소를 실천하고 있습니다. 경영자 중에는 '매일 아침 30분 청소는 시간 갖기'를 통해 획기적인 실적을 남겼다는 분도 있고, 뉴욕시의 거리를 깨끗하게 청소했더니 범죄율이 낮아졌다는 사례도 있습니다. 간다 씨는 청소하면서 감사하다고 외치는 것에 대해 어떻게 생각하시나요?

감사하다고 외치면서 화장실 청소를 하는 것은 그야말로 효과 만점일 것이라고 본다. 무엇보다 '감사합니다'라는 단순한 말을 외치는 것은 만트라—불교에서 스승과 제자가 주고받는 화두 같은 것으로, 슬로건 혹은 진언을 뜻한다(옮긴이 주)— 효과가 있어서, 불안과 두려움 혹은 분노 같은 악감정에서 자신의 의식을 떼어낼 수 있다. 그러면 시끄럽게 들끓던 마음이 편안해진다. 그때 화장실 청소를 하면 강렬한 냄새 때문에 아무것도 생각할 수 없게 되고 머릿속은 하얘진다.

이 일련의 과정은 명상할 때와 같은 방법론이다. 요컨대 화장실 청소를 함으로써, 아마도 뇌파가 평소 행동을 할 때의 베타파(14~17Hz)에서 마음이 편안해지는 알파파와 세타파의 중간(7~8Hz) 정도까지 떨어지는 게 아닐까? 아이디어나 영감은 이 정도 뇌파일 때 번쩍 떠오르는 것이므로 화장실 청소를 하는 동안 놀라운 아이니어가 벼

오를 수도 있다.

또한 어떤 사람은 효과를 높이기 위해서 더러운 공중화장실을 골라 맨손으로 청소하기도 한다. 말라비틀어진 대변이나 얼룩진 소변을 손으로 긁어내며 인간의 가장 더러운 부분을 직시하는 것이다. 변기를 청소하다 보면 알게 되는 사실이 있다. 자신의 변도 남의 변도 똑같이 구리다는 것이다. 자만심이나 거만함이 변기의 물과 함께 쓸려 내려간다. 덕분에 '내가'라는 사념이 사라지고 오히려 다른 사람을 위해 일하고 싶다는 생각이 든다. 화장실을 청소하는 것은 자신의 마음을 청소하는 것과 같다.

그만큼 잠재의식에 효과적이므로 전 사원이 함께 청소하면 회사의 실적이 안 오를 수 없다. 견원지간인 사원이 있어도 서로의 대소변을 청소하지 않으면 안 된다. 그 때문에 가족 이상으로 가족이라는 의식을 갖게 되는 것이다. 개인의 자아가 약해지기 때문에 통합이 잘 이루어진다. 이렇게 생각하면 '감사합니다'라고 외치면서 청소하는 것이 비용 대비 효과가 가장 좋은 사원 교육이 아닐까 싶다.

또 빚더미에 올라앉은 데다 일자리도 없어 죽을 지경이고, 자신의 실패를 남의 탓으로 돌리느라 정신없고, 입만 열었다 하면 세상에 대한 원망뿐인 사람이 있다면 반드시 화장실 청소를 해 보라고 권하고 싶다. 이런 밑바닥에서 벗어나기 위해서는 온갖 원망과 한탄을 털어낼 필요가 있다. 아침 일찍 일어나 공중화장실을 청소하며 다니는 것은 운을 극적으로 개선하기 위한 최고의 방법이라고 생각한다.

하지만 나는 '감사합니다'라고 외치면서 화장실을 청소하지는 않는다. 사업에 실패하고, 누군가에게 배신당하고, 빚더미에 앉아 실의에 빠져도 화장실 청소는 하지 않을 것이다. 밑바닥까지 떨어지기 전에 그렇게 되지 않도록 최선의 노력을 다할 것이다. 회사의 실적을 개선하고 싶으면 '감사합니다'라고 외치면서 몇 시간씩 화장실 청소를 하는 대신 고객이 좋아할 상품을 찾아내고, 고객의 마음을 감동시킬 메시지를 생각하고, 고객이 기뻐할 비즈니스가 무엇인지 연구할 것이다. 아이디어나 영감을 떠올리고 싶다면 화장실 청소 대신 따뜻하고 편안한 이불 속에서 잠을 청할 것이다. 그리고 꿈속에 나타난 이미지를 해석해서 아이디어로 승화시킬 것이다. 친구와 술을 마시며 웃고 즐기는 중에도 아이디어는 넘쳐나므로 일부러 혼자서 화장실 청소를 하고 싶지는 않다.

그러고도 실패해서 파산한다면, 화장실 청소 대신 최고급 양복을 입고 번쩍번쩍 광낸 구두를 신고 거리로 나설 것이다. 그리고 최고급 호텔 로비에 가서 앉아 있을 것이다. 내 몸을 최고의 환경에 둠으로써 돌파구를 찾아낼 것이다.

하지만 지금까지 말한 그 어떤 일을 해도 아마 화장실 청소의 효과에는 미치지 못할 것이다. 결국 이것은 미의식의 문제다. 아이디어를 얻는 방법, 운을 개선하는 방법은 화장실 청소 외에도 많기 때문에 나는 나의 미의식에 맞는 방법을 먼저 실천하려는 것이다. 그렇다고 화장실 청소가 싫다는 이야기는 아니다. 화장실을 청소하면 기분이 상쾌해진다. 하지만 화장실 청소를 실적 향상이나 행운을 위한 수단으로 삼는 것이 내 스타일이 아니다.

실적이 나쁜 경영자가 화장실 청소를 하느라 진짜 정진해야 할 경영자 업무에서 눈을 돌리는 것은 용납할 수 없는 일이다. 운을 개선하는 것도 중요하지만, 나는 나름의 스타일을 중시한다. 생각하는 것을 포기하고 남들이 시키는 대로 움직여서 운이 좋아진다고 하더라도 인간적인 매력은 싹트지 않을 것이다.

2

평생 비서로 일한 저는 앞으로
어떤 사업을 해야 할까요?

Q ────────────────────

후계자 다툼이 진행 중인 중견 개인 기업에서 사장의 비서

로 근무하고 있습니다. 저임금 노동, 진부한 풍토, 압박해

오는 구조조정의 위협으로 불안에 떨고 있습니다.

최근 7년 동안 사귀며 미래를 약속한 남자에게 한참 어린

여자친구가 둘이나 있었다는 사실도 알게 됐습니다. 마흔여

섯 살인 저로서는 받아들이기 힘든 일입니다. 바닥보다 더

깊은 곳으로 떨어진 느낌입니다.

그 남자와 근무처의 인사 담당자에게 복수하고 싶어 창업을

결심했습니다. 20여 년 동안 줄곧 비서로만 근무해 온 제가 사회에 도움이 될 만한 틈새산업을 일으키기 위해서는 어떤 상품을 취급하는 것이 좋을까요? 아무리 생각해 봐도 구체적인 아이디어가 떠오르지 않습니다.

당신은 아주 매력적인 여성일 것이다. 그도 그럴 것이 당신의 전 남자친구는 더 어린 여자들을 두고도 46세인 당신과 헤어지지 않고 줄곧 사귀어 왔으니 말이다. 그것은 곧 당신에게는 젊기만 한 여자는 도저히 당해내지 못할 매력이 있다는 말이다. 그런 매력적인 여성이 단지 복수를 위해 창업을 하겠다니, 찬성할 일은 아닌 것 같다.

물론 창업할 때 원한이나 분노라는 마이너스 감정이 이롭게 작용하는 경우도 있다. '반드시 복수하고 말겠어!'와 같은 마이너스 파워는 강력하다. 영화 『스타워즈』에서 제다이 기사였던 아나킨이 연인을 잃을까 봐 두려운 나머지 다스베이더가 된 것처럼, 사랑의 상실은 악의 화신을 낳기 쉽다. 그리고 일난 악의 세계에 발을 들여놓은 성의

의 사자'의 힘은 강력하다. 그러므로 당신이 다스베이더가 되어 창업한다면 틀림없이 단기간에 회사를 안정적인 궤도에 올려놓을 수 있을 것이다.

하지만 그렇게 하면 인상이 나빠진다. 원한과 분노로 얼굴은 일그러지고 가면처럼 표정이 굳어진다. 또한 등은 구부정하게 휘고 서 있는 자세는 흉측해진다. 젊을 때는 마이너스 파워를 사용해도 회복력이 있어서 건강을 다소 해치더라도 조금만 지나면 원래대로 돌아올 수 있지만, 46세라면 얼굴에 주름이 생기고 원인불명의 질병에 시달릴 수도 있다. 매력적인 당신이 창업 때문에 보기 흉해지거나 병에 걸린다면 그보다 슬픈 일이 어디 있겠는가? 그러니 남자나 회사에 원한이 있더라도 덕분에 독립할 수 있었다고 감사하게 생각하고 떨쳐내도록 하자. 그리고 훌륭한 매력을 가진 당신은 그것을 잘 살려 창업하면 된다.

그럼 20여 년 동안 줄곧 비서만 해 온 당신은 어떤 아이템으로 창업하면 좋을까? 대개는 생각한 것을 문장화하고 그 문장을 반전시켜 봄으로써 기회는 명확해진다.

당신의 생각을 문장으로 적어 보자.

'비서 밖에 경험하지 못한 나는 창업할 수 없다.'

이 문장을 달리 생각하면 다음의 두 문장과 같이 수정할 수 있다.

- 비서 이상의 경험이 있기 때문에 창업할 수 있다.
- 비서 밖에 경험하지 못했기 때문에 창업할 수 있다.

두 문장을 읽었을 때 어느 문장에 당신의 감정이 더 강한 반응을 보였는가? 반응을 보인 쪽이 진실이다.

첫 번째 문장에 반응을 보였다면, 당신이 겪은 비서 이상의 경험을 모두 적어 봐라. 예를 들면 진부한 일상에서 직원들의 동기부여에 이바지했을지도 모르고, 사장의 의견을 회사 운영에 반영하기 위해 사내 홍보를 담당해 왔을지도 모른다. 사장의 보조뿐만 아니라 사내에서 당신의 역할은 막대했을 것이다. 왜 사장은 20년 농안이나 당신을 곁에 두었을까? 그 이유를 찾아 보자. 그것이 당신의 창업 분야가 될 가능성이 높다. 한 예로, 어떤 비서는 사보를 담당하고 있었는데 독립 후 사내 커뮤니케이션의 일인자로 성공했다.

두 번째 문장에 반응을 보였다면 비서 경험 자체가 창업에 있어 중심 사업이 된다. 당신은 비서를 누구나 할 수 있는 일이라고 생각하는 것 같은데, 그렇게 가볍게 보이는 일일수록 더욱 흥미로운 사업이 된다. 예컨대 불과 얼마 전까지만 해도 청소로 돈을 벌 수 있으리라고는 아무도 생각하지 못했다. 그런데 지금 하우스클리닝은 잘나가는 산업이 되었다. 그러면 여기서 비서와 관련된 서비스를 몇 가지 생각해 보자.

- 베테랑 비서를 단기간에 양성하는 연수 및 트레이닝
- 비서로 특화한 인재 파견 서비스
- 사무실의 파일링 업무 정리정돈 서비스 등

의외로 여러 가지 서비스가 있다는 사실에 놀랄 것이

다. 이 중 특히 흥미로운 것은 사무실 정리정돈 서비스다. 사내 문서를 아날로그와 디지털 쌍방으로 누구나 쉽게 검색할 수 있도록 한다. 파일링 컨설턴트를 이틀 정도 파견하면 서류들이 깔끔하게 정리정돈되고, 어떤 파일이라도 5분 내에 찾아낼 수 있도록 하는 서비스를 사업화하면, 당신처럼 비서 경험이 있으면서 현재는 전업주부인 여성들을 다시 사회로 불러낼 수도 있을 것이다.

원망하고 화내는 데 에너지를 낭비하지 말고, 당신이 해온 일에 자부심을 가지고 주위에 기쁨을 전해온 스스로를 칭찬해 주자. 그것이 감사받을 일을 만들어내는 첫걸음이다.

3

저는 너무 잘 속아요

저는 과거에 두 번의 도산을 경험하고 한때 노숙자가 되기 직전까지 간 적이 있습니다. 다행히 이번 세 번째 창업에서는 기적적으로 성공하여(연 매출 약 40억 원) 현재 4년째에 접어든 회사를 경영하고 있습니다.

제 고민은 남에게 잘 속는다는 것입니다. 과거 두 번 도산한 것도 믿었던 직원이 돈을 가지고 도망을 간 경우와, 반드시 성공할 것이라고 투자를 종용하는 곳에 돈을 넣었다가 사기당한 것이 원인이었습니다. 아무리 잘 속는 저라도 도산이라는 쓰라린 경험을 했으니 다시는 남에게 속는 일이 없겠거니 했는데, 작년에 다시 유혹적인 사업 권유를 뿌리치지 못하고 손을 댔다가 2억 원 정도 손해를 보고 말았습니다. 어떻게 하면 좋을까요?

이 문제는 사람을 보는 능력과는 상관이 없다. 원인은 당신의 죄악감에 있다. '나는 행복할 가치가 없다'라는 생각이 마음속 깊이 자리를 잡고 있는 것은 아닌가? 그 때문에 성공해도 곧 그 성공을 부정이라도 하듯 도산하거나 사기당하는 것이다.

죄악감은 인간의 감정 중 가장 파괴적인 것이다. 죄악감은 '나는 죄의식을 느낄 정도로 좋은 사람이다'라는 생각에서 기인하는 경우가 많은데, 좋은 사람이 되는 부작용으로 '그러니까 나는 벌을 받지 않으면 안 돼!'라는 생각이 잠재의식에 새겨지고 만다. 잠재의식 속의 생각은 그것이 좋은 것이든 나쁜 것든 현실로 나타난다. 그러므로 죄악감을 가지면 그것이 노화선이 되어 불행한 일이

믿기지 않을 정도로 빈번하게 발생한다. 그것도 마치 우연인 것처럼.

내가 아는 사람 중에 불행한 일이 끊이지 않는 외국인이 있었다. 어느 날 그가 아파트 열쇠를 잃어버렸는데 하필 그날 집에 도둑이 들었다. 그 후 일주일도 채 지나지 않아 불이 났다. 그는 화재의 충격에서 벗어날 틈도 없이 스토커에게 쫓겼다. 사람들은 그를 '걸어 다니는 재난'이라고 불렀다. 그 사람은 그런 소리를 듣고도 웃었다. 죄악감이 있었기 때문에 벌을 받는 현실에 마음이 편했던 모양이다.

이 문제를 해결하기 위해서는 언제부터 죄악감(또는 자신은 가치가 없다고 믿는 무가치관)을 갖게 되었는지 기억해 내야 한다. 어릴 때 누구에게도 말 못 할 나쁜 일을 했는데 그것을 지금까지 털어놓지 않고 봉인해버린 것은 아닌가? 만일 그렇다면 자신을 용서해 주도록 하자. 눈앞에 어린 시절의 자신이 있다고 상상하고 다음과 같이 말해 준다.

"어쩔 수 없었잖아. 그 일에 대해서는 충분히 벌을 받았어."

원인을 찾아내서 자신을 용서해 주면 거짓말처럼 남에게 속는 패턴에서 벗어날 수 있다.

다만 죄악감을 없앴다고 해도 경영자가 벌어들인 돈은 정기적으로 없어지기 마련이다. 죄악감에 의한 것만큼 파괴적이지는 않지만, 컴퓨터가 연이어 고장 나거나 친구에게 빌려준 돈을 떼이는 등 몇 년에 한 번씩 돈이 썰물처럼 빠져나가는 시기가 있다. 그리고 그렇게 나간 돈은 벌어들인 수입의 10퍼센트 정도에 달한다. 아무래도 고인 물을 새 물로 갈지 않으면 안 되듯이, 고인 돈도 새 돈으로 바꾸지 않으면 안 되는 모양이다. 어차피 갈아야 할 돈이라면 강제로 돈이 나가기 전에 적당한 사람에게 자진해서 주는 것이 현명하다는 것이 유대인의 생각이다. 그래서 그들은 습관처럼 기부한다.

"옳거니! 속기 전에 기부하면 되는구나! 좋은 일도 하고, 재난도 사라지고. 이런 기쁜 일이 또 있을까!"라며 당신은 덩실덩실 춤이라도 출지 모른다. 하지만 여기서 사람들이 착각하는 것이 있다. 기부하면서 절세 효과를 노리는 것이다. 세금 우대 조치가 적용되는 단체를 찾기도 한다. 애당초 돈을 없애는 것이 목적이었는데 절세하는 게 무슨 의미가 있겠는가?

또 기부를 회사의 이름을 알리는 수단으로 삼는 사람들도 있다. 회사 이름을 기부자 리스트의 첫머리에 올릴 것을 강요하기도 한다. 기부는 돈과 명성에 집착하지 않는 것의 소중함을 배우기 위한 것인데, 그것을 절세나 명성을 위해 악용하는 것은 본말전도라고 할 수 있다.

옛날 경영자들은 운동선수의 후원자가 되거나 지방 무명 예술가의 그림을 사는 것으로 경제적으로 문화 발전을 지원해 왔다. 경영자가 지역문화를 지원하는 것은 당연한 의무였다. 사회적으로 보아도 사업으로 번 돈을 사회적 약자나 문화진흥을 위해 쓰는 것은 합리적인 돈의 순환법이다.

돈은 고이는 것이 아니라 흐르는 것이다. 돈은 매달릴수록 오히려 도망친다. 집착을 버리고, 대가도 바라지 말고, 필요한 곳으로 흘려보내야 한다. 이러한 돈의 메커니즘을 깨우친다면 당신도 멋진 사장이 될 수 있다.

명상에 대해 어떻게 생각하시나요?

Q

성공한 사장들은 대개 명상을 한다고 들었습니다. 간다 씨
도 명상을 하시나요?

나도 한때 명상을 했다. 하지만 지금은 하지 않는다. 그
대신 명상과 같은 효과가 있는 '포토리딩'이라는 속독법
을 하고 있다. 이 방법은 편안한 상태에서 책장을 넘기기
때문에 명상과 마찬가지로 영감이 떠오르는 '싱크로니시

티(synchronicity)'가 많이 발생하는 효과가 있다.

누군가는 명상 수준이 높아지면 공중부양도 할 수 있다고 주장한다. 10여 년 전 한 대기업의 명상 그룹에 참가했을 때 그 이야기를 듣고 정말 놀랐다. 회사 임원이 "N사(대기업)의 S씨는 정말 대단했어. 3미터나 되는 천장 부근까지 떠오르더라니까!"라고 말하는 게 아닌가! 그것도 엄청나게 진지한 표정이었다. 자세한 이야기를 들어보니 그 임원도 공중부양을 할 수 있다는 것 같았다. 나는 이상한 나라에 떨어진 앨리스가 된 것만 같았다. 아무리 그래도 일본을 대표하는 기업의 임원이 진지하게 공중부양을 하겠다고 하니 말이다.

그래서 내가 공중에 뜰 수 있게 되었느냐? 물론 아니다! 뜰 수 있다면 재미있었겠지만, 가령 뜰 수 있었다고 해도 그것이 어떤 식으로 사회에 공헌하는 건지 영 모르겠고, 그때 뜰 수 있다던 임원은 떨어질 때 허리를 다쳐서 더는 공중부양을 하지 않는다고 했다. 참고로 나는 숟가락을 휘게 할 수는 있는데(이것은 누구나 할 수 있다) 조카에게 상상력의 중요성을 가르쳐 주기 위해 가끔 새미 삼아 하는 정도다. 꼭 마술 같아서 아이들이 좋아한다.

　나는 부모님께서 물려주신 신체를 가지고 살아가는 인간인지라 명상보다는 차라리 노래라던가 악기를 연주라던가 춤을 배우는 데 시간을 투자하고 싶다. 명상은 혼자 하는 것이지만 이런 것들은 다 같이 즐길 수 있으니 말이다.

공부를 더 하는 것이
사업에 도움이 될까요?

Q

저는 서른일곱 살이고 지금은 MBA(경영학 석사 학위)를 취득하기 위해 공부하고 있습니다. 간다 씨는 미국에서 MBA를 취득했지만, 그것이 대기업에서는 쓸모 있어도 창업하는 데는 그다지 필요하지 않다고 말씀하셨습니다. MBA 지식 중 실제로 현장에서 쓸모 있다고 생각하는 것, 또 불필요하다고 생각하는 것은 무엇입니까? 그리고 현장에서 사용할 수 있는 MBA 활용법에 대해 가르쳐 주세요.

MBA를 취득할 당시의 나는 착각하고 있었다. MBA는 어떤 비즈니스든 도움이 될 거라고 믿었다. 하지만 사업을 시작하고 보니 MBA는 별 쓸모 없었다. 울고 싶었다. 아무리 많은 비즈니스 지식을 머릿속에 쌓아도 현장에서는 처음부터 다시 시작해야 했다. 창업하면 첫날부터 현금을 벌어들이지 않으면 안 된다. 그 현금의 유일한 제공자는 고객이다. 그러니 창업했을 때 가장 필요한 것은 어떻게 하면 고객을 확보할 수 있느냐 하는 것이다.

예컨대 웹사이트를 어떻게 디자인 해야 상품이 잘 팔릴까? 어떤 슬로건을 내걸어야 일을 맡길까? 메일에는 어떤 문장을 쓰는 게 좋을까? 뉴스레터는 무슨 요일에 보내야 반응이 좋을까? 고객에게 연락이 왔을 때는 어떤 말을, 어떤 타이밍에 하는 게 좋을까? 상품을 살 고객과 안 살 고객을 어떻게 구분할 수 있을까? 등등.

그런데 안타깝게도 MBA에서는 이런 기본적인 고객 확보 테크닉을 가르치지 않는다. 비싼 등록금 받아놓고 왜 진짜 중요한 건 안 가르쳐 주느냐고 원망도 했지만, 생각해 보면 당연한 일이다. Master of Business

Administration, 즉 비즈니스 관리를 위한 석사를 뜻하는 말이다. 창조된 것을 관리하기 위한 프로그램인 것이다.

오해를 피하기 위해 좀 더 분명하게 설명하자. MBA는 내가 해왔던 '보잘것없는' 창업에는 도움이 안 됐지만, 처음부터 상장을 목표로 하는 '대단한' 창업에는 도움이 됐다. 왜냐하면 MBA에서는 투자자가 사용하는 이론이나 언어를 가르치기 때문이다. 같은 평가수법으로 비즈니스를 논할 수 있으므로 투자자는 돈을 내면서도 안심한다. 하지만 MBA를 취득하는 이유가 단지 그것뿐이라면 2년씩이나 학교에 다니지 않아도 된다, 서점에 가서 MBA 시리즈를 읽으면 그것으로 충분하다는 의견도 있다.

하지만 나는 창업하는 데 사용하지 못했다고 해서 MBA 취득을 후회하지는 않는다. 졸업하고 15년이 지나서 돌아보니 "아, 비즈니스 스쿨에 다니길 참 잘했다!"라고 절실히 느낀다. 얻을 수 있는 것은 지식이 아니라 경험이다. 역시 스케일이 다른 학생들이 모여 있는 곳이니까.

당시 나의 동급생 중 한 명은 학비를 벌기 위해 입학하자마자 학교 근처의 카페라 가세를 매입했다. 그는 교내에 필름 회수함을 설치하여 매출을 배로 증가시켰다. 졸업할 때는 회사의 가치를 높여 신입생에게 매각했다. 또 다른 동급생은 자신이 설립한 헬리콥터 회사를 매각한 자금으로 학비를 냈다. 그런 행동력 있는 학생들과 함께 있으면 발상 능력이 향상되고 자기 이미지가 크게 개선된다.

그리고 해외에서 MBA를 취득하면 뭐니 뭐니 해도 영어에 대한 자신감이 생긴다. 하지만 가장 가치 있는 장점은 외국에서 수업받을 배짱이 생긴다는 것이다. 덕분에 영어로 하는 국제회의나 세미나에도 별 두려움 없이 참석할 수 있게 된다.

국제화되었다고는 하지만 해외에서 열리는 심포지엄이나 회의에 직접 참석하는 일본인 비즈니스 관계자는 많지 않다. 그러니 흥미로운 회의에 참석하면 일본에서 일인자가 왔다고 주목을 받게 된다. 농담 같지만 순식간에 패널리스트 대접을 받을 때도 있다. 게다가 귀국한 후에는 '해외 심포지엄에 참가할 정도로 해외 사정에 정통한 전문가' 대접을 받는다. 그것이 계기가 되어 해외 기업과

제휴하는 일도 드물지 않다. 여전히 외국인 콤플렉스가 있어선지, 해외 사정에 정통한 전문가, 외국과 거래하는 기업이라는 사실만으로 특별대우를 받게 되는 것이다.

생각해보면 MBA 유학으로 획득할 수 있는 가치는 지식이 아니라 이질적인 것을 담을 수 있는 그릇을 얻게 되는 것이다. 이것은 평생의 재산이다. 비즈니스란 '이질적인 것과 이질적인 것을 연결함으로써 독특한 아이디어를 낳고, 그 아이디어를 세상에 침투시키는 작업'이기 때문이다. 그러므로 지식을 얻기 위해서가 아니라 경험을 쌓고 그릇을 키울 목적으로 MBA에 도전한다면 멋진 일이 될 것이다. 서른일곱 살이라면 이미 비즈니스 경험은 충분히 쌓았을 것이므로 비즈니스 스쿨에 다니면서 현지 학생들과 사업을 시작할 정도의 마음가짐을 갖는 것도 좋을 것 같다. 이질적인 것을 받아들이는 힘은 앞으로 중요한 자원이 될 것이다.

6

상사의 무리하고 허황된 요구에 어떻게 대응해야 할까요?

Q _____

저는 영업 일을 하고 있는데 가끔 이 일에 모순을 느낄 때가 있습니다.

상품이란 기본적으로 '지불하는 돈과 동등한 가치가 있을 때 구매한다'는 이치라고 생각합니다. 상품의 가격이 적당하지 않으면 그 상품을 사지 않는 겁니다. 하지만 상사 세대는 '영업능력'이라는 미명을 내세워 가치가 없는 상품이라도 가치 있는 것처럼 보이게 해서 판매하는 것이 당연하다고 말합니다.

술자리에서 상사가 "여기 있는 천 원짜리 사과를 만 원에 팔 수 있겠나?"라고 묻더군요. 저는 솔직하게 "이 사과는 만 원 어치의 가치를 갖지 않습니다. 때문에 천 원보다 조금 비싸게는 팔 수 있겠지만, 만 원에 파는 것은 무리입니다"라고 대답했습니다. 그랬더니 "자넨 영업능력이 없구먼!" 버럭 화를 내더군요. 저는 그 사과에 그 정도 가치가 없다고 생각했을 뿐입니다.

천 원어치 가치밖에 없는 상품을 만 원에 파는 것은 남을 속이는 행동이라고 생각합니다. 간다 씨 생각은 어떤가요?

오해를 살지도 모르지만, 아주 중요한 문제이기 때문에 솔직히 말해야겠다.

가격은 판매자의 자기 이미지, 즉 당신이 스스로에게 어떤 이미지를 갖고 있느냐에 달렸다. 가령 같은 사과여도 천 원 숍에 두면 천 원이다. 하지만 '고급 음식 전시회'를 콘셉트로 하는 고급 레스토랑에서 판매한다면 10만 원에 팔릴 수도 있다. 같은 상품이라도 어떤 매장에 놓이느냐, 즉 판매자의 격에 따라 가격이 달라진다.

격에 맞는 가치인가 아닌가. 그것이 곧 '가격(價格)'이다. 상사가 영업능력에 대해 '고객을 속여서라도 돈을 받아내는 것'이라고 가르쳤다면 문제가 있지만, 내가 보기에 그 상사의 말은 만일 당신이 높은 자기 이미지를 가지고 있고, 그것이 고객이 보기에도 당신의 격에 맞다고 느낀다면 천 원짜리 상품이라도 10만 원에 팔 수 있다는 의미다.

"5천 원이라면 그나마 이해하겠지만 사과가 10만 원에 팔릴 리가 있겠느냐?"고 반박하고 싶을 것이다. 하지만 거짓말이 아니다. 가령 스즈키 이치로鈴木一朗 선수—일본의 전 프로 야구 선수로, 미국의 메이저 리그에 진출해 활약했다(편집자 주)—가 사과를 10만 원에 판다면 몇 개나 팔릴까? 100개 정도는 금방 팔리지 않을까? 이 이야기를 듣고 당신은 다시 반론을 제기하고 싶을지 모른다. "그거야 이치로 선수니까 가능하지! 하지만 나는 이치로가 아닌 걸!"이라고. 그렇다, 포인트는 바로 그것이다. '나는 이치로가 아니다'라고 생각하는 것이 당신이 사과를 천 원에 팔 수밖에 없는 이유다. 다시 한번 말하지만 본질적으로 가격은 자기 이미지다. 당신이 생각하는 자신의 가치가 곧 당신이 팔고 있는 상품의 가격이란 말씀!

'나한테 사과를 사는 사람은 얼마나 큰 행운인가! 그것도 단돈 10만 원에 말이다!' 이렇게 생각한 순간 사과는 10만 원에 팔리게 된다. 그러므로 당신의 말 '천 원짜리 사과를 천 원보다 조금 비싸게는 팔 수 있어도 10만 원에는 팔 수 없다'를 다시 해석하면, '나는 노력하면 다른 사람보다 조금 높은 가치는 가질 수 있지만, 다른 사람보다 100배나 높은 가치는 없다'라는 말이 된다. 이 말은 곧 나는 그다지 가치가 없다는 것을 강조하고 있는 것이나 다름없다.

사과를 예로 들어서 실감이 안 날지도 모르지만, 실제 비즈니스라면 이것은 아주 중요한 문제다. 내가 컨설턴트를 양성하고 있었을 때의 일이다. 나의 마케팅 세미나는 수강료가 50만 원이었다. 이 금액을 듣고 컨설턴트 지망생인 한 남성이 이렇게 말했다.

"긴다 신생님이니까 수강료로 50만 원을 받을 수 있는 거예요. 만약 저였다면 30만 원도 과분합니다."

나는 화를 냈다. "절대 안 된다! 30만 원에 기술을 팔면 이미지가 낮아진다. 50만 원 미만에 수강생을 모집하지 마라"라고 엄명을 내렸다.

컨설턴트 지망생은 어쩔 수 없이 50만 원에 모집 광고를 냈다. 그러면서도 이 금액으로는 아무도 접수하지 않을 것이라고 내심 포기한 상태였다. 그런데 막상 뚜껑을 열고 보니 세미나는 대성공이었다.

일단 50만 원에 세미나를 개최하고 나면 첫 수강생에게 미안해서라도 가격을 내릴 수 없게 된다. 이것을 평생의 수입으로 환산해 보라. 자기 이미지를 인상시킴으로써 몇백만, 몇천만 원의 수입 차이가 생긴다. 그리고 가격을 올리는 것이 결코 판매자에게만 좋은 일은 아니다. 고객의 만족도도 올라간다. 왜냐하면 가격을 높게 설정하는 것은 곧 당신의 격을 높이는 것이 되고, 동시에 그 격을 유지해야 한다는 의무감도 생기기 때문이다. 그렇게 함으로써 당신은 열심히 상품을 판매하고 서비스를 제공하게 된다.

30만 원이라고 생각했던 서비스에 고객은 50만 원을

지불한 것이다. 제대로 된 사람이라면 '야호! 20만 원이나 더 벌었네!'라고 좋아할 수만은 없을 것이다. 필사적으로 그 20만 원을 메우기 위해 노력하게 된다. 또 고객의 기대를 초월하는 만족을 제공하기 위해 최선을 다하기 때문에 당신은 비약적으로 성장하게 된다. 그런데 만일 '30만 원이면 되겠지'하고 타협한다면 결국 30만 원어치 가치도 제공하지 못하게 된다. 당신이 타협해서 판매하면 고객도 타협해서 구입한다. 당신이 목숨을 걸고 판매하면 고객도 목숨을 걸고 구입한다. 그 결과, 가격이 높으면 높을수록 고객은 상품을 소중히 여기기 때문에 만족도도 높다.

아직도 당신은 "지금의 나는 100배나 높은 가격으로 사과를 팔 수는 없다"라고 주장할지 모른다. 내가 당신이라면 어떻게 할 것 같은가?

나는 내가 100배의 가치를 제공할 수는 없다고 생각해도, 사과 농가는 100배의 가치를 제공할 수 있다고 믿는다. 그러므로 사과 생산자를 만나러 갈 것이다. 그리고 어떤 계기로 과수원을 시작했는지, 어떤 마음으로 사과를 키우고 있는지, 올해의 수확에는 어떤 고충이 있었고 그 결과는 어땠는지 등, 사과 한 알을 생산하기까지의 과정을 들려달라고 할 것이다. 이 사과는 10만 원의 가치가 있다는 확신을 가지고 그 이야기들을 들을 것이다.

그리고 수확물에 대한 생산자의 열정을 그대로 고객에게 전달할 것이다. 생산자에게 자필 편지를 써달라고 해서 그 편지를 고객에게 보여주는 것도 좋은 방법이다.

그리고 생산자의 열정과 애정에 감동해 사과를 구매한 고객에게는 놀라운 선물을 준다. 그 선물은 돈으로 사는 것이 아니다. 사과 농가의 농부가 직접 고객에게 편지를 보내는 것이다. "언제 이 근처에 오시면 부디 가족과 함께 방문해 주세요"라고 쓴 한 통의 편지. 그 편지 한 통은 10만 원의 가치를 훨씬 능가하는 일생일대의 인연을 만들어줄지도 모른다.

물론 '물건이 비싸게 팔리면 좋다'는 단순한 이야기를 하는 것이 아니다. 값싸게 제공하려고 노력하는 것도 나름대로 가치 있는 일이다. 값싸게 상품을 제공할 수 있다는 것에 자부심을 느낀다면 그것도 아름다운 일이다. 아름답지 못한 것은 타협이 타협을 낳는 것이다. 그런 인생은 열매가 빈약하다. 천 원에 팔 수밖에 없는 사람이 되고 만다. 당신의 10만 원의 가치를 자각하라!

프로페셔널한 사람은
어떤 사람인가요?

Q

저는 NHK의 「프로페셔널-일의 방식」이라는 프로그램을
정말 좋아합니다. 그 프로그램에서는 마지막에 항상 "프
로페셔널이란 무엇이라고 생각하십니까?"라고 게스트에게
묻는데, 간다 씨는 어떤 사람을 '프로페셔널하다'고 생각하
십니까?

나는 개인의 자질을 프로다, 프로가 아니다로 판단하지

않는다. 재능은 누구에게나 있기 때문에 그 재능을 이끌어낼 환경과 서로를 신뢰하는 관계가 전제로 깔려 있을 때 팀으로 훌륭한 일을 해낼 수 있다. 그것이 개인의 역량은 아니라고 생각한다.

8

이대로 계속 음악을 해도 될까요?

Q ————————————————————

10년 넘게 록 밴드를 하고 있습니다. 그간 메이저 그룹, 인

디 그룹, 직접 구성한 그룹 등 여러 곳에서 활동했습니다.

직장에 다니게 되면 그만큼 밴드에 투자하는 시간이 줄어들

거라는 생각에 한때는 취업을 포기하려고도 했습니다.

그러다 온라인 사업을 알게 됐습니다. 인터넷과 휴대전화를

이용하면 시간도 아낄 수 있고, 궁극의 자급자족이 가능하

지 않을까 하는 생각이 들었습니다.

제가 나아가려고 하는 방향이 잘못된 건 아닐까요? 역시 한

가지 일에 전념하는 것이 좋을까요?

　내 생각에 당신은 비즈니스를 하는 것이 좋겠다. 그것은 당신처럼 몇 년 후의 동향을 읽을 줄 아는 사람이 앞장서서 행동해야 앞으로 아주 재미있는 일들이 일어날 것이기 때문이다. 비즈니스는 아티스트에게서 '자기표현력'을 배우고, 아티스트는 비즈니스에서 '자기실현력'을 배우는 시대가 되었다.

　그 이유는 이렇다. 지금의 비즈니스 세계는 온라인 인프라가 갖춰지고 있는 만큼, 자동차의 대량생산이 시작된 이래 최대의 대변혁이 일어나고 있다. 온라인 시대의 최대 장점은 영상전송 비용이 거의 제로에 가깝다는 것이다. 이것이 얼마나 대단한 기술인가 하면, 예전에는 영상으로 광고를 할 수 있는 기업은 자본력을 갖춘 대기업에 불과했는데, 영상 전송 비용이 제로가 된 지금은 전 세계의 모든 회사에서 광고를 만들고 게시할 수 있다는 이야기나. 그러면 신문에 끼워 넣던 선난시나 실서리에서 배포하는 전단지가 판촉 방법의 주를 이루던 회사도 영상을 만들 수 있게 된다(영상 없이는 비즈니스를 할 수 없다는 이야기는 아니다).

효과적인 영상을 만들기 위해 얼마나 대단한 재능이 필요한지, 당신이라면 알 것이다. 시나리오 작가, 영상 아티스트, 뮤지션, 메이크업 아티스트, 스타일리스트, 카메라맨, 미술감독 등, 평범한 직장인은 접해본 적 없는 사람들과 함께 일하게 되는 것이다. 영상의 최종 목적은 고객을 끌어들일 브랜드를 만들어내는 것이다. 그렇게 되면 비즈니스맨에게는 숫자를 관리하는 능력뿐만 아니라 마음을 울리는 비즈니스 드라마로 고객을 매료시킬 능력이 필요해진다.

앞으로는 더더욱 '회사의 수익=경영자의 감성'의 시대가 올 것이다. 이 비즈니스의 신조류를 아티스트의 시점에서 바라보면 그것은 엄청난 기회의 도래라 할 수 있다. 지금까지는 아티스트가 출세하려면 대기업에 소속돼야만 했다. 하지만 지금은 음악을 만들면 여러 스트리밍 사이트에 직접 업로드해 판매할 수 있게 되었다. 지금까지는 참새 눈물만큼 벌던 아티스트가 앞으로는 대기업에 몇 퍼센트의 판매 수수료만 지불하면 된다.

엔터테인먼트 업계는 한 번 히트를 치면 입소문 효과가 엄청나므로 당신이 개인 채널을 운영하고 있는 경우 한 번만 제대로 히트해도 10만 명 정도의 고객 리스트를 형성할 가능성이 있다. 그 리스트를 토대로 작곡과 판매, 그리고 라이브 활동을 한다면 지금까지 굶주렸던 뮤지션이 엄청난 연간 수입을 올릴 수 있는 시대가 올 것이다.

음악뿐만 아니라 영상을 판매될 수 있게 된 덕에 댄스, 연극, 애니메이션 분야의 아티스트들도 굳이 대기업에 의존하지 않고 자기 작품을 판매하게 되었다. 아티스트가 지금 당장 자주적으로 작품을 판매하기 위해서는 채널 구축이나 운영 기술 등 뛰어넘어야 할 장벽이 높다. 점차 소비자와의 거리가 좁혀질 것이다. 지금까지 '그런 것으로는 먹고살 수 없다'는 소리를 귀가 아프게 들었던 사람들이, 먹고사는 건 말할 것도 없고 시대의 총아가 되는 건 시간문제다. 게다가 이런 감성은 오히려 젊은 사람들이 더 뛰어나기 때문에 한 반에 한 명은 억만장자인 시대가 올 거라고 믿는다. 꿈같은 이야기로 들리겠지만 실제로 연간 수억 원의 수익을 올리는 고등학생들이 이미 존재한다.

물론 누구나 이런 연금술 시대를 누릴 수 있는 것은 아니다. 작품의 질이 무엇보다 중요하다. 작품을 보다 널리 알리고 확실한 수익을 창출하기 위해서는 비즈니스의 패기를 배울 필요도 있다.

지금은 누구에게나 기회가 평등하게 찾아오고 있다. 인류 역사상 지금처럼 비즈니스, 그리고 자기표현이 간편했던 시대는 없었다. 어둠도 깊지만, 이 시대가 올바른 방향을 찾았을 때 발하게 될 빛은 그 이상으로 크고 밝다. 앞으로 서로 다른 재능을 가진 사람들끼리 서로의 차이를 존중하고 수용함으로써 기적적인 사건들이 끊임없이 일어나게 될 것이다. 자신이 고독하지 않다는 사실을 깨닫고, 자기의 상상력을 믿을 때, 우리는 지금까지 듣도 보도 못했던 세계로 돌입할 것이다.

물론 그 세계로 돌입하기까지 일직선만 있지는 않을 것이다. 틀림없이 그것을 방해하는 움직임이 있을 것이고,

이 시대에 태어난 것을 후회하는 비참한 일도 경험하게 될 것이다. 하지만 역시 나아갈 방향은 틀리지 않았다. 지금은 새로운 세계를 믿고 모두 용기를 내어 첫걸음을 내디뎌야 할 때다.

에필로그

맥주를 마시면서 단숨에 여기까지 달려왔는데, 어땠는지 모르겠다. 나는 오랜만에 맛있는 술을 마신 것 같은데……. 가끔 탈선도 했고 망상도 했기 때문인데, 당신은 어쩌면 나의 폭언에 혀를 차고 있을지도 모르겠다. 하지만 서로 다른 사람들이 이야기를 나누다 보면 의견의 차이가 있기 마련이다. 모두의 의견이 하나라면 그것이 오히려 무서운 일이다.

이번에 대답한 것은 50건에 불과하지만, 사실 독자들이 보내 온 189건의 상담을 분류하고 집약한 것이나 다름없다. 이는 곧 나 혼자 고민하는 것 같지만, 사실은 많은 사람이 비슷한 일로 고민하고 있음을 보여준다. 당신의 고민은 고립된 것이 아니다.

내가 그리는 이미지는 이렇다. 모두 각자의 고민이 있다고 하자. 그리고 그 고민을 극복하고 자기 나름대로 답을 얻었다. 그 답은 그 사람 혼자만의 것이 아니라 사회 전체에 있어 최고의 해결책이 될 수도 있는 답이다.

나도 머리를 쥐어짜며 불완전하지만 열심히 상담에 응했다. 그것이 모두에게 만족스러운 대답이 되리라고는 생각하지 않는다. 하지만 이것이 몇몇 독자들을 도울 수 있을지도 모른다. 그렇게 되면 이번에는 그 고민을 극복한 사람이 자기 나름의 해답을 가지고 다른 사람을 도울 수 있지 않겠는가? 그렇게 사람과 사람이 하나로 연결되는 과정에서 가장 위안을 받는 사람은 역시 도움을 준 사람 자신이다. 왜냐하면 누군가에게 자신이 필요하다는 것은, 그것이야말로 삶의 의미를 확인할 수 있는 행위라고 생각하기 때문이다.

살다 보면 여러 가지 설럼몰에 부닛히게 된나. 울고 싶어도 울 수 없는 절망적인 상황도 있다. 그런 불행을 통해 억지로 깨닫는 것은 존재의 허무함이다. 아무리 사랑해도 사람은 허무하게 죽어간다. 아무리 소중하게 끌어안아도 손가락 틈으로 순식간에 빠져나간다. 이 세상은 엄청나게 부조리하다! 규칙으로 설명할 수 있는 일은 하나도 없고, 또 설명되었다고 하더라도 그렇게 생각한 순간 배신당한다.

하지만 자신의 존재가 허무하다는 사실을 깨닫는 순간 새로운 차원이 시작될 것이다. 우리 개개인은 전체 중 일부에 지나지 않지만, 그러므로 오히려 각각의 경험이 전체로 확산될 수 있다.

자기 존재의 허무함을 알고, 타인과의 연계가 삶의 의미임을 깨닫고 서로를 신뢰하는 세상에서는 필시 고민을 극복한 한 사람 한 사람의 경험이 곧 인류의 경험이 될 것이다. 그렇게 사람들이 신뢰라는 회로로 연결되었을 때, 지금 온라인에서 벌어지고 있는 현상 즉, 각자의 재능을 서로 나눔으로써 무한한 가능성을 열어가는 세계가 이 지구상에도 도래하리라는 예감이 든다.

그런 기적 같은 일들이 일어나기 시작한 지금, 나를 상담 상대로 선택해 주다니, 뭐라 감사의 말씀을 드려야 할지 모르겠다. 언젠가 당신과 재회할 수 있기를 기대하며!

상위 1퍼센트 CEO들의 멘토 간다 마사노리가 전하는
50가지 비즈니스 카운슬링

고민하는 자만이
자신을 구한다

초판 1쇄 발행 2024년 3월 27일

지은이 간다 마사노리
옮긴이 김경인
펴낸이 최현준

편집 구주연
디자인 Aleph design

펴낸곳 빌리버튼
출판등록 2022년 7월 27일 제 2016-000361호
주소 서울시 마포구 월드컵로 10길 28, 201호
전화 02-338-9271
팩스 02-338-9272
메일 contents@billybutton.co.kr

ISBN 979-11-92999-30-2 (03320)